prometeo
libros

UNA ANTROPOLOGÍA DEL AMOR

UNA ANTROPOLOGÍA DEL AMOR

DE ORIENTE A OCCIDENTE

JOSEFINA PIMENTA LOBATO

Traducción: Rodrigo Álvarez

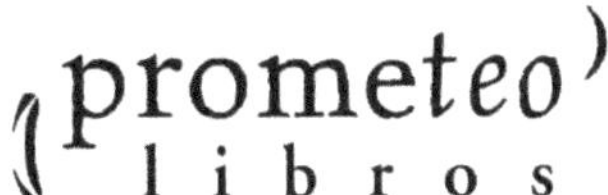

Pimenta Lobato, Josefina

   Una antropología del amor : de oriente a occidente / Josefina Pimenta Lobato. - 1a ed . - Ciudad Autónoma de Buenos Aires : Prometeo Libros, 2021.

   130 p. ; 23 x 16 cm.

   Traducción de: Rodrigo Álvarez.

   1. Estudios Culturales. 2. Antropología Social. 3. Filosofía de la Cultura. I. Álvarez, Rodrigo, trad. II. Título.

   CDD 306.8

Corrección: Luciana Cicerone
Diseño y diagramación: Brenda Vanesa Hartvig

Título original: *Antropologia do Amor. De oriente ao Ocidente.*
©Autêntica Editora, 2012.

© De esta edición, Prometeo Libros, 2021
Pringles 521 (C1183AEI), Buenos Aires, Argentina
Tel.: (54-11) 4862-6794 / Fax: (54-11) 4864-3297
editorial@treintadiez.com
www.prometeoeditorial.com

La Colección Pensamiento del Brasil en Español

Una breve retrospectiva es indispensable para presentar el proyecto de esta colección. Llegué a Brasil en enero de 1976, con una parada táctica en Brasilia, directamente a la ciudad de Recife, ciudad cabecera del Nordeste del país, para el primer período de trabajo de campo que me llevaría más tarde a mis tesis de maestría y doctoral. La investigación se realizaba como parte de mi trabajo en el Instituto Interamericano de Etnomusicología de Caracas, dirigido por la argentina Isabel Aretz. Subí al avión en Buenos Aires y el hombre que se encontraba a mi lado quiso saber adónde me dirigía: "a Recife". Manifestó entonces su espanto: "no se puede ir a Recife sin conocer San Pablo". Esa fue mi primera lección sobre el país que lentamente se iría convirtiendo en mi segunda patria. Con el correr de los años, después del fin de la dictadura en Argentina y ya trabajando como docente en el Departamento de Antropología de la Universidad de Brasilia, comenzó mi lento retorno a mi país. En esas constantes idas y vueltas entre Brasil y Argentina, más evidente se iba haciendo la cantidad de estereotipos cruzados que filtraban la mirada de un país sobre el otro e impedían una real comunicación y un diálogo lúcido entre ambos. Malentendido es para mí el término que califica hasta hoy la relación, no solamente entre los dos países, sino también entre el continente brasilero y el universo hispanohablante. La impotencia iba en aumento porque los autores, los temas, los debates, los estilos de argumentación y las interlocuciones de los pensadores brasileros eran y son inaccesibles para la audiencia de lengua española. La lengua es un obstáculo, pero la dificultad va más allá de la lengua: la colonización portuguesa en el continente americano y, más tarde, el proceso de la independencia también aíslan al Brasil y tornan difícil su comprensión en un mundo, como es el hispanohablante, en el que ambos, colonización e independencia, son centrales en la condensación de las formaciones nacionales. El cuarto obstáculo, que esta colección intenta superar, es el obstáculo del emprendimiento editorial: traducir, publicar, distribuir, valla casi intransponible en medio de la gran crisis de larga duración que atravesamos, a la que Prometeo Libros enfrenta heroicamente con este esfuerzo. Contamos para esto con el trabajo dedicado y destacado del traductor Rodrigo Álvarez, que permanece transitando entre los ambientes letrados de los dos países, erudito y meticuloso, obsesivo, como todo legítimo representante de su gremio.

En un momento en que la crítica decolonial nos ha permitido ver con claridad el carácter plural de los pensamientos que alberga la nación, la colección no lleva por título "pensamiento brasileño", sino "pensamiento del Brasil", con la intención de dejar claro que no se trata de un pensamiento único sino de un pensamiento disperso en el territorio de una nación. Destaque se dará en la colección a las diversas posturas y estilos del pensamiento crítico, muy especialmente a la crítica feminista, a la crítica indígena y a la crítica negra, así como a la comprensión de un país que debe situarse en el continente y esquivar la captura eurocéntrica. El cruce de miradas entre los dos mundos será un indispensable cruce de espejos.

Rita Segato

ÍNDICE

PRESENTACIÓN

Rita Segato

El original estudio de Josefina Pimenta Lobato sobre las variadas formas de relación entre el sentimiento amoroso y el vínculo conyugal en diferentes civilizaciones tiene una virtud poco habitual en las producciones académicas de años recientes en el Brasil. Lo abarcativo de las fuentes en que se apoya, que representan una gran diversidad de tradiciones de pensamiento, así como una impecable actualidad, hace de este estudio una contribución que va mucho más allá del interés meramente local para situarse entre las obras de alcance universal.

Si, inicialmente, su pregunta tuvo un claro cuño antropológico, poniendo en evidencia la excepcionalidad del Occidente moderno al representar la pasión amorosa como eje de la construcción familiar y, con ello, de la organización social, los resultados de su investigación trascienden ampliamente este interés académico y ofrecen una valiosa orientación a todos aquellos que, tarde o temprano, se ven impulsados a indagar sobre la naturaleza de la relación matrimonial.

Nada como la confrontación con otras soluciones humanas para darnos alivio en relación a los límites impuestos por el estrechamiento de nuestro propio horizonte de cultura. Nada como sumergirse en la variedad de respuestas culturales para permitirnos percibir con lucidez el carácter relativo y, por lo tanto, circunstancial de las respuestas que nuestra civilización ofrece.

Trabajando con inspirados conceptos como: salvajismo, domesticación y disciplinamiento del amor, la autora no niega la universalidad de la experiencia de la pasión amorosa, pero demuestra, de forma definitiva, cómo diversas tradiciones elaboran y dan sentido a esa experiencia, haciéndola jugar un papel diverso en los ordenamientos institucionales de las respectivas sociedades. Por todo esto, el lector tiene en sus manos una obra de rara erudición, capaz de ofrecer pistas para dilemas tanto de orden académico cuanto existencial.

INTRODUCCIÓN

En efecto, la investigación en el terreno, con la cual comienza toda carrera etnológica, es madre y nodriza de la duda, actitud filosófica por excelencia. Esta "duda antropológica" no consiste nada más en saber que no se sabe nada, sino en exponer resueltamente lo que se creía saber, y la ignorancia misma, a los insultos y a los mentís que infligen, a ideas y hábitos muy queridos, las ideas y hábitos que pueden contradecirlos en mayor grado.

Lévi–Strauss (1979, p. 30)

Hasta comienzos de la década del ochenta del siglo pasado, gran parte de los antropólogos acataba sin mayores objeciones la concepción de que el amor romántico sería un sentimiento raro y refinado, surgido en determinado momento de la historia de Occidente. A partir de esa época, y desde un punto de vista diametralmente opuesto, se realizaron investigaciones que tenían como objetivo indagar la posible universalidad o la casi universalidad de ese tipo de amor. De allí derivan dos posturas claramente antagónicas. La primera, que podría denominarse particularista, afirma el carácter extraordinario de las emociones asociadas al amor romántico, sin advertir la existencia de sociedades en las que se pueden hallar experiencias amorosas innegables, mientras la segunda, que presenta proposiciones universalistas generalizantes, reduce las manifestaciones de amor en diferentes culturas a un patrón único: el amor romántico.

El análisis crítico de estos dos posicionamientos evidenció sus deficiencias y expuso la necesidad de construir un instrumental teórico que permitiera aprehender las ideas, emociones y creencias propias del amor tal como se revela en las sociedades occidentales y, al mismo tiempo, resaltar las que se vinculan con las relaciones amorosas existentes en otros contextos culturales. Con ese propósito, construí dos conceptos: amor "domesticado" y amor "disciplinado", y una noción, la de "salvajismo", utilizada para calificar el carácter arbitrario e irracional de la pasión amorosa a ser disciplinada o domesticada.

En ese sentido, amores disciplinados son aquellos en los cuales el salvajismo del amor pasional es considerado inaceptable, debiendo ser necesariamente contenido para que la vida social se torne posible y sean cumplidas las responsabilidades a ella concernientes. Los amores domesticados, a su vez, son aquellos en los cuales el salvajismo del amor pasional es glorificado y visto como esencial para la felicidad, para la autorrealización y el engrandecimiento personal, aunque, para ello, sea preciso enfrentar las restricciones impuestas por la moral y por las lealtades político-familiares.

Transitando ese camino, tomé como referencia inicial los poemas de amor elaborados por los trovadores que, en el transcurso del siglo XII, divulgaron por toda Europa, lo que se convino denominar "amor cortés". Originarios de la región del Poitou y del Languedoc, sudoeste de Francia, esos poemas fueron motivados e influenciados, en gran medida, por la lírica árabe, proveniente de la España morisca y del Oriente Medio, ya imbuida de influencias iraníes e indias. Al ahondar en la investigación de las interconexiones entre las producciones poéticas y literarias de Oriente y de Occidente, me deparé con una coincidencia que me pareció sumamente instigante: la de la producción, en esa misma época, de las versiones clásicas de tres historias de amor —*Tristán e Isolda*, *Layla y Majnún*, y *Gita Govinda*— que ejercieron y continúan ejerciendo una considerable influencia sobre el imaginario amoroso de los pueblos de Occidente, de Oriente Medio y de la India.

El descubrimiento de esta inesperada coincidencia me indujo a indagar la particular atmósfera de estas narrativas mítico-amorosas, a fin de captar su carácter transcultural y, al mismo tiempo, su indiscutible especificidad. Por medio de esta investigación, pude constatar la existencia de semejanzas en la expresión del sentimiento amoroso, a pesar de las considerables diferencias vinculadas a las condiciones y al *locus* de su manifestación. Si en *Tristán e Isolda* ya se insinúa la glorificación de los amores incontrolables, transgresores, aunque aún marginales para la vida social, el salvajismo del amor en *Layla y Majnún* solo encuentra espacio "fuera del mundo". El amor de Krishna y Radha, tematizado en el *Gita Govinda*, cobra expresión en la esfera de lo divino, en la cual las convenciones de la vida terrena se encuentran suspendidas. Tales amores, no obstante, por estar situados sea al margen de la vida social, como ocurre en *Tristán e Isolda*, sea fuera del mundo, como en *Layla y Majnún*, o en la esfera de la divino, en el *Gita Govinda*, no nos brindan acceso al modo como se da la gestión del "amor en el mundo" en términos de disciplina o de domesticación, aunque ya indiquen la incompatibilidad entre los amores arbitrarios, que surgen aleatoriamente, de forma incontrolable, y la vida en las sociedades holistas (denominación conferida por Dumont a las sociedades en las cuales los valores grupales se sobreponen a los intereses individuales).

Para comprender el modo como se da la gestión disciplinada del amor en el mundo, centré mi análisis en un texto mítico–religioso indio, el *Ramayana*, cuyos personajes centrales, Rama y Sita, corporifican el comportamiento amoroso considerado ejemplar. A pesar de que sus personajes están divinizados, el amor que los une, contrariamente al de Krishna y Radha en el *Gita Govinda*, no se localiza en la esfera de lo divino, sino en circunstancias histórico–culturales delimitadas por roles y obligaciones ligadas al género, a la casta, al parentesco y a consideraciones político–religiosas, que lo sitúan concretamente "dentro del mundo". A ese amor disciplinado, paradigmático, se oponen los amores "indisciplinados", que son execrados y considerados como intrínsecamente destructivos por colocar el *kama* (el deseo y el amor) en una posición superior al *dharma* (el deber y la moral). En lo que respecta al proceso de inserción del amor disciplinado en la vida cotidiana, utilicé como imagen modelo el testimonio de dos mujeres bengalíes de las castas más elevadas de Calcuta, respecto a las emociones vivenciadas por ellas en relación a los futuros cónyuges durante el período que antecediera al "casamiento arreglado".

Finalmente, procuro demostrar la excepcionalidad e historicidad de la noción de amor romántico, definida en función de un proceso de domesticación posible y viable en contextos culturales dominados por valores "individualistas". A través de la profundización analítica de dicho proceso, la domesticación fue adquiriendo desdoblamientos inesperados. En *Romeo y Julieta*, de Shakespeare, el amor disuelve los clivajes delimitados por las lealtades de parentesco y corporificados en las luchas faccionales, sirviendo, de este modo, al advenimiento de una nueva forma de integración social. En otra de sus vertientes, cuya imagen paradigmática está constituida por *Pamela* de Richardson, él atraviesa las fronteras de las clases sociales. En esa obra, la domesticación actúa doblemente: como principio que legitima la selección conyugal, desvinculada de las barreras concernientes a los derechos y deberes ligados a la posición de clase, y como elemento propulsor de la domesticación de la virilidad masculina y de su adaptación a relaciones afectivas, vividas en el ámbito doméstico en un ambiente de intimidad cotidiana.

EL DEBATE SOBRE EL ORIGEN DEL AMOR ROMÁNTICO

*Cuando una costumbre exótica nos cautiva, a pesar (o por causa)
de su aparente singularidad, generalmente es porque nos presenta,
como un espejo deformado, una imagen familiar y que nosotros
reconocemos confusamente como tal, sin lograr identificarla aún.*

Lévi-Strauss (1976b, p. 275)

LA REIVINDICACIÓN DEL AMOR ROMÁNTICO COMO UNA INVENCIÓN DE OCCIDENTE

La presuposición de que el amor romántico sería un fenómeno peculiar del mundo occidental guió las investigaciones antropológicas desde sus orígenes. Ella se remonta a Morgan, basada, en ese caso, en una perspectiva evolucionista y etnocéntrica de la historia humana, según la cual los pueblos primitivos[1] o bárbaros serían incapaces de vivenciar emociones más refinadas, intensas y persistentes que el mero deseo sexual. De acuerdo con su opinión, proferida en 1877, "los pueblos bárbaros no conocían el amor. No podrían experimentar sentimientos que son fruto de la civilización y de la sutileza que la acompaña" (1980, p. 219). El casamiento entre ellos se fundamentaría no en el sentimiento, sino en la obligación y en la necesidad.

Cincuenta años más tarde, en 1928, Margaret Mead, refiriéndose a los samoanos en particular, declara igualmente, aunque ya no desde un punto de vista evolucionista, que "el amor romántico, tal como ocurre en nuestra civilización, inextricablemente ligado a las ideas de monogamia, exclusividad, celos y una fidelidad sin rodeos, no

---

1   El término "primitivo", despojado de las connotaciones dadas por los evolucionistas, aún continúa siendo utilizado por los antropólogos para designar a los pueblos tribales, nativos de África, América, Australia, Oceanía y demás regiones que, por una serie de circunstancias, lograron mantenerse relativamente aislados de la corriente civilizatoria, como por ejemplo, los indígenas del Parque del Xingu, aquí en Brasil.

ocurre en Samoa" (1993, p. 110). La inexistencia de sentimientos asociados al amor romántico en Samoa no está enfocada, sin embargo, solo en sus aspectos negativos. Si la consideración del casamiento como "un arreglo social y económico, en el cual deben tenerse en cuenta la riqueza relativa, el rango y la pericia del esposo y la esposa", hace que "la joven samoana nunca saboree las recompensas del amor romántico tal como lo conocemos", por otro lado, evita que pase por los sufrimientos de la "esposa frustrada en un matrimonio que no ha satisfecho sus elevadas exigencias" (1993, p. 110 y 198). La ausencia de una adhesión apasionada a una sola persona, subyacente al amor romántico, derivaría, a su modo de ver, de la carencia, en el hogar samoano, de fuertes vínculos afectivos entre padres e hijos.

En esa misma línea argumentativa, Linton alega que las personas educadas en grupos familiares amplios, con numerosos adultos alrededor suyo, serían incapaces de desarrollar simpatías, afectos u odios fuertes y duraderos. Difícilmente se podría encontrar "en su cultura patrones tales como nuestros conceptos de amor romántico o de la necesidad de descubrir al compañero único, sin el cual la vida carecería de sentido" (1967, p. 10–11).

Posteriormente, refiriéndose a los arapesh y a los mundugumor, melanesios de Nueva Guinea, Mead ya no sostiene ni niega la presencia del amor romántico en sus vidas, solo menciona la disociación entre la pasión sexual y el afecto. En el caso de los arapesh, por ejemplo, la fuerte atracción inherente a la pasión, que surge entre personas extrañas de forma inesperada e incontrolable, es considerada como incompatible con el afecto, que se desarrolla durante la convivencia íntima de la pareja. Esa disociación se encuentra también entre los mundugumor, pero allí, inversamente, "las intrigas amorosas de los jóvenes todavía no casados son repentinas y turbulentas, caracterizadas más por la pasión que por la ternura o el romance" (1973, p. 242–243).

Evans–Pritchard generaliza un poco más, al aseverar que el amor romántico sería un sentimiento desconocido entre los pueblos primitivos. A su entender, cualquier persona que conviva con alguno de estos pueblos "rápidamente descubrirá que, aunque entre ellos el amor sexual se manifieste profusamente, es raro que exista un sentimiento que se corresponda con lo que entendemos por amor romántico". Diferentemente de los jóvenes del mundo occidental, condicionados, "por la poesía, el teatro, las novelas, los diarios, el cine, la radio, la televisión y la publicidad, a admitir que el amor romántico debe preceder el casamiento, que de hecho él lo precede y que es su única justificación" (1971, p. 40), los jóvenes de las sociedades primitivas tienen dificultad en comprender el significado de ese tipo de amor y su papel en el casamiento. Si, por un lado, la ausencia de demandas y de anhelos amorosos en el relacionamiento entre hombres y mujeres hace que las relaciones sexuales y matrimoniales entre ellos le parezcan a un europeo privadas "de un refinamiento de la vida inglesa moderna", por otro, los protege contra las inevitables desilusiones de quienes viven bajo la égida del romanticismo. Y al no tener conciencia de esa carencia y casarse sin ilusiones, no hay porqué decepcionarse.

Radcliffe–Brown, a su vez, refiriéndose específicamente al africano, afirma que este no piensa "en el casamiento como una unión basada en el amor romántico, por más que la belleza, el carácter y la salud sean cualidades buscadas en la elección de una esposa" (1978, p. 114).

A las consideraciones tejidas por los autores anglosajones, citados anteriormente, que niegan la existencia de experiencias amorosas más refinadas e intensas entre los pueblos primitivos, se oponen las de Malinowski. Polaco de nacimiento y de formación[2], aunque estrechamente ligado a la antropología británica, de la cual fue una de las figuras más expresivas, su visión de la vida amorosa de los primitivos, representados por los isleños de Trobriand, diverge de la adoptada por estos autores. Empeñado "en averiguar si las prácticas amorosas se limitaban a buscar solo una satisfacción específica y directa para las necesidades sexuales, o si abarcaban un abanico más amplio de experiencias sensuales y estéticas", pudo constatar que el término trobriandes *kwakwadu*, que designa el "estar juntos para hacer el amor", no puede ni debe ser traducido por el *lovemaking* inglés, pues son términos que expresan experiencias inequiparables. Mientras el segundo tiene una connotación puramente sexual, el primero designa "la situación de estar juntas dos personas enamoradas una de la otra". Los enamorados que practican el *kwakwadu* "disfrutan del aroma y del color de las flores, ven volar a los pájaros y a los insectos y descienden hasta el mar para bañarse. Se divierten agarrando caracoles, arrancando flores y hierbas aromáticas, con las cuales se adornan" (1982, p. 330–331). Tales actitudes —que no son fortuitas, sino parte esencial de sus efusiones eróticas— demostrarían, a su entender, un perfeccionamiento, propio del romanticismo, de las experiencias sensuales, afectivas y estéticas que acompañan

2   Según Andrzej Paluch, las polémicas instauradas tras la publicación del diario de Malinowski son consecuencia de la desconsideración, por parte de esos comentaristas, de que "el estilo y muy frecuentemente el contenido de ese relato diario tan especial suena más comprensible cuando se lo compara con algunos manierismos del *panopticon* de Zakopane" (1981, p. 284). Zakopane, a la que Paluch se refiere, es la ciudad donde Malinowski nació y vivió hasta ir a estudiar a Cracovia. Fue allí que hizo sus amigos más íntimos, con los cuales continuó conviviendo durante sus vacaciones de verano.

la pasión sexual. Contrariamente, por lo tanto, a aquellos que ven la vida sexual de los salvajes como desprovista de sofisticación, de sutileza y de intensidad afectiva, Malinowski hace hincapié en el primor de la experiencia amorosa de los isleños de Trobriand. Dicho refinamiento se revela en la asociación del placer erótico–sexual con lo estético, despertado por la visión de paisajes fascinantes y por el deseo de estar a solas para intensificar la fruición de esos deleites. El dramatismo de la pasión sexual, súbita e incontrolable, que surge entre personas prohibidas de amarse tampoco les es desconocido. Este aparece en uno de sus mitos como causado por la acción de la magia, que, al alcanzar inadvertidamente a una pareja de hermanos, los impele inexorablemente hacia un destino trágico y mortal (1973, p. 111–112).

La desconsideración del material etnográfico relativo a la vida amorosa de los trobriandeses por parte de los antropólogos que afirman el carácter excepcional del amor romántico es llamativa, sobre todo por parte de Evans–Pritchard, que participó de los seminarios promovidos por Malinowski en la London School of Economics, en la década de 1920.[3] Al analizar las motivaciones subyacentes a ese desinterés, me parece que ellas pueden estar ligadas a una divergencia entre la visión del amor romántico propia de los autores anglosajones y la de Malinowski, de formación cultural polaca.

Durante la lectura del diario de campo de Malinowski, se puede percibir que, en las apasionadas referencias a su novia, la expresión de "momentos de deseos violentos, solo para ver su luminoso, encantador cuerpo nuevamente" se da concomitantemente a la censura de esa pasión preponderantemente sexual: "La amo con un fuerte y apasionado amor cuando debería imaginarla como mi esposa" (1967, p. 218). ¿Sería esa aprehensión del amor apasionado como una emoción erótica no necesariamente ligada al casamiento la que lo hizo capaz de ver ese tipo de amor donde Morgan, Mead, Evans–Pritchard y Radcliffe–Brown nada percibieron?

La presuposición de que el amor romántico sería propio de Occidente aún orientaba, sin embargo, la mayoría de las investigaciones antropológicas, por lo menos hasta los años ochenta del siglo pasado. Jankowiak, antropólogo norteamericano que realizó una investiga-

3   De acuerdo con el testimonio de Hortence Powdermaker, cuando ella llegó a la London School of Economics, en 1925, "solo había tres estudiantes graduados cursando antropología. Los dos primeros fueron E. E. Evans–Pritchard y Raymond Firth; Isaac Shapera vino en el segundo año y luego se nos unieron Audrey Richards, Edith Clarke. Fuertes vínculos personales se desarrollaron entre nosotros y con Malinowski; era una especie de familia con las ambivalencias habituales. El ambiente era el de la más pura tradición europea, un maestro y sus alumnos, algunos de acuerdo y otros en oposición" (Powdermaker, 1966 *apud* Kuper 1978, p. 88).

ción etnográfica en la ciudad de Hohhot, capital de la Mongolia Interior, entre 1981 y 1983, confiesa que la idea de que el amor romántico sería una emoción marcadamente occidental lo llevó a desconsiderar las señales suficientemente obvias de la existencia de sedimentos románticos entre los chinos. De acuerdo con sus palabras:

> Mi posición inicial en relación al amor romántico en la sociedad china es semejante a la de la mayoría de las personas. No existía: no había tal fenómeno a ser estudiado. Asumí tan fuertemente que los chinos eran incapaces de sentimientos románticos que siempre me negué a creer en mis amigos, cuando me hablaban sobre alguien que estaba enamorándose o dejando de amar. Simplemente asumí que los chinos, en esas circunstancias, habían adoptado un estilo de discurso occidental para demostrar sus inclinaciones modernas. Por consiguiente, sus declaraciones no representarían sentimientos reales o verdaderos. De esa manera, consideré el amor como una emoción que los chinos serían incapaces de experimentar. Tomé los comentarios y las revelaciones confidenciales de mis amigos como valores falsos. Irónicamente, siempre que articulaban sentimientos "negativos", yo asumía que ellos estaban siendo honestos, pero siempre que expresaban emociones "positivas", sentía que no estaban siendo sinceros. (1993, p. XIII–XIV)

Fue recién en 1987, en la segunda fase de su investigación, que Jankowiak abandonó su presuposición inicial de que los chinos serían incapaces de sentimientos románticos, y logró captar las señales de la presencia de emociones hasta entonces ignoradas. En vez de interpretar el discurso amoroso de sus entrevistados como un recurso para obtener cierto aire de modernidad, pasa a verlos como una expresión de sentimientos realmente vividos. Así, comienza a prestar atención a lo que antes no le parecía relevante, y revela: "en esa época, no obstante, escuché" (1993, p. XIV).

El reconocimiento de esa "falla en la escucha", una posibilidad siempre presente en las investigaciones etnográficas, evidencia la necesidad de desconfiar del "nada para decir" etnográfico. Conforme destaca Malinowski, "el antropólogo debe, como mínimo, establecer si estuvo observando cierto fenómeno y fracasó en encontrarlo o si falló al observarlo" (1977, p. 465). La misma falla en la escucha confesada por Jankowiak puede haberle ocurrido a Margaret Mead. Según Holmes, que estuvo en Samoa allá por 1950, "la declaración de Mead de que el amor romántico no existe en Samoa ignora los casos de fuerte apego a un marido específico". Ella tampoco percibe "los notables ejemplos de fidelidad y de expresiones de profundo apego emocional entre esposos y amantes" (1987, p. 120) contenidos en el folklore.

Para poner en evidencia la capacidad de los chinos de enamorarse (*tan liang ai*) y de expresar sentimientos románticos, Jankowiak utiliza dos fuentes: los testimonios de sus informantes sobre las experiencias amorosas vivenciadas por ellos y el análisis de cuentos e historias populares producidos desde la dinastía Tang (618–907 d.C.) hasta nuestros días. Por medio de un examen sistemático de ese material, llega a la conclusión de que ellos nunca desconocieron las emociones y los sentimientos ligados al amor romántico: "Los chinos siempre conocieron el *pathos* y el poder de la atracción romántica y siempre supieron cómo eso puede inducir a sentimientos de pasión desesperada, de celos, de deseo de exclusividad y de sufrimiento por el amor no correspondido" (1993, p. 195).

El resultado de su investigación, publicado en 1993 en *Sex, Death, and Hierarchy in a Chinese City*, fue considerado por él como el primer estudio pormenorizado sobre el enamoramiento en una cultura del este de Asia. El carácter innovador de su descubrimiento de que los chinos son capaces de enamorarse, de sentir celos y de sufrir por el amor no correspondido solo se aplica, sin embargo, a aquellos que, como él, todavía acataban la idea de que tales emociones serían propias de los pueblos de Occidente. Dicha postura, relativamente común entre los antropólogos de esa época, está presente también entre historiadores que, según Goody, "crearon la tradición de que el *amor romántico* nació en la sociedad de los trovadores del siglo XII en Europa"[4] (2008, p. 303).

Proposiciones relativas a la universalidad del amor romántico

La confirmación de que los chinos son capaces de enamorarse, más allá de servirle a Jankowiak como comprobación suficientemente satisfactoria de la existencia de amor romántico en la sociedad china, lo motivó a encarar un proyecto más ambicioso: el de investigar, en compañía de Edward Fischer, si ese tipo de amor sería un fenómeno universal o casi universal. Dicho propósito también fue estimulado, en gran medida, por las investigaciones realizadas por Liebowitz (1983) y por Helen Fischer (1987) sobre la posibilidad de que el amor romántico y las sensaciones a él asociadas provinieran de factores genéticos, intrínsecos a la naturaleza humana,

---

4 Para ciertos historiadores que van todavía más allá en esa reivindicación, "algunas formas de amor y, a veces, la propia idea del amor es vista como un fenómeno puramente occidental" (Goody, 2008, p. 303).

que se manifestarían independientemente de las circunstancias histórico‒culturales.

Con el fin de emprender la investigación, Jankowiak y Fischer tomaron como referencia 186 monografías etnográficas que abarcan varias regiones geográficas, tales como el norte de África, el Círculo Mediterráneo, Oriente, Oceanía y América, seleccionadas por Murdock y White (1969). Distinguir el amor romántico, definido como una "intensa atracción que implica la idealización del otro, en un contexto erótico, con la expectativa de permanencia por algún tiempo en el futuro" (1992, p. 152), de la atracción meramente sexual no fue una tarea fácil, principalmente porque, en gran parte del material investigado, los términos *love, lovemaking y lovers* no fueron utilizados de forma consistente. Para evitar ese problema y diferenciar las ocasiones en que el término "amor" fue empleado —sea para designar la pasión amorosa sea como un eufemismo para las relaciones sexuales—, recurrieron a otras evidencias provenientes de la transcripción de los testimonios de los nativos y del análisis de canciones, leyendas y mitos.

Habiendo reducido el amor romántico a un fenómeno meramente psicológico,[5] Jankowiak y Fischer fueron capaces de "documentar la existencia del amor romántico en el 88,5% de la muestra de las culturas investigadas". Con ello, creen haber contradicho "la idea popular de que el amor romántico está esencialmente limitado a la cultura occidental o es producto de ella" (1992, p. 154). La adopción de un enfoque mucho más psicológico que sociológico o antropológico hizo que los factores culturales quedasen reducidos casi exclusivamente a la determinación del mayor o menor número de personas que son capaces de enamorarse:

> La relativa frecuencia con la cual los miembros de la comunidad experimentan el amor romántico puede perfectamente depender de la organización sociocultural y de la orientación ideológica. Así, probablemente, una mayor proporción de americanos, comparada a los yanomamo o a los tiv, vivencian el amor romántico. (1992, p. 153‒154)

La extrema generalidad de ciertas emociones y temáticas inherentes a la pasión amorosa es demostrable también desde el punto de vista psicoanalítico.[6] Conforme afirman Kakar y Ross,[7] la seme-

---

5   Nótese que la definición utilizada por ellos, es la misma empleada por los psicólogos en sus investigaciones sobre el amor romántico (Jankowiak; Fischer, 1992, p. 154).

6   En la concepción de Sartre, el amor‒pasión tendría, "como fenómeno psicológico su dialéctica propia" (1978b, p. 68).

7   Kakar, psicoanalista indio, y Ross, norteamericano, separados, como ellos mis-

janza entre los sueños de amor y pasión, escuchados en los consultorios, y los mitos e historias de amor presentes en diferentes culturas y circunstancias históricas testimonian "la trascendencia en el tiempo y en el espacio inherente al arte y al amor" (1987, p. 215). Ellos reconocen, sin embargo, las diferencias en la vivencia y en la expresión del sentimiento amoroso que serían consecuencia de la forma por la cual la cultura modela y remodela temas y tópicos, enfatizando unos y oscureciendo otros. Desde ese punto de vista, la universalidad del amor apasionado se mantiene incluso ante la comprobación de que ese sentimiento es desconocido o inexistente en una determinada sociedad o cultura. Tal posibilidad es señalada por Devereux, al afirmar que "la ausencia —*en el nivel consciente* y bajo una forma culturalmente establecida— de un fenómeno que, a juicio de los psicoanalistas, tiene carácter universal exige únicamente el análisis de los procesos psicodinámicos que determinan la represión de ese factor o fenómeno" (1975, p. 69).

Polémicas sobre la existencia del amor romántico en China

Tras haber destacado los posicionamientos de diferentes autores sobre la existencia o no de amor romántico en sociedades no occidentales, hay un aspecto que necesita ser resaltado: el de la ambigüedad de la definición de lo que pueda ser considerado como amor romántico. En caso de que se lo defina solo como la capacidad de enamorarse, de tener sentimientos de ternura, de celos, de sufrir por el amor no correspondido, no hay cómo reducirlo solamente a un acontecimiento propio de Occidente, así como no se puede limitar a una cultura específica la capacidad de sentir rabia, miedo o envidia. Estas son emociones comunes a todos los seres humanos. En caso de que esa definición incluya, "como aditamento, la prescripción ideológica de que enamorarse es un fundamento altamente deseable del noviazgo y del casamiento" (Goode, 1959, p. 41–42), su limitación a Occidente se torna más consistente. La necesidad de establecer esta diferenciación también es señalada por Anthony Giddens, que distingue el amor apasionado —para él un fenómeno más o menos universal— del amor romántico, "mucho más culturalmente específico" (1993, p. 48–49).

mo señalan, "por un golfo tanto cultural cuanto literal, continental y oceánico", se conocieron en Harvard, cuando ambos participaron, a finales de los años sesenta del siglo pasado, de un curso de Erik Erikson, el primero como asistente y el segundo como alumno. La afinidad entre los dos surgió del interés de ambos por las ideas de Erikson y Freud las cuales les proporcionaron "una herencia intelectual que encontró expresión en el psicoanálisis" (1987, p.2).

Reviéndose la discusión mencionada anteriormente y tomándose en cuenta la manera por la cual la sociedad considerada trata y evalúa las emociones y los sentimientos románticos, puede percibirse que existe una diferencia radical entre la concepción occidental y la china. Mientras en Occidente esas emociones y sentimientos son glorificados y exaltados como base y fundamento del casamiento, en China, como observa Rougemont,[8] la pasión amorosa "no solamente es escasa, sino que además, y sobre todo, es despreciada por la moral corriente como una enfermedad frenética" (1988, p. 56). El propio Jankowiak reconoce que la literatura china, a pesar de que, en ciertos aspectos, se asemeja a la occidental por el hecho de que ambas muestran "historias amorosas de conflicto y angustia, de flechazos y corazones partidos" (1993, p. 197), difiere de ella por contener un mensaje bien específico: el de que la pasión que induce a la desobediencia de las normas establecidas y a la ruptura de barreras socialmente impuestas tiende a desmoralizar a aquellos que están bajo su dominio.

A fin de ejemplificar el contraste entre la actitud china y la occidental, Rougemont cita las reflexiones de Leo Ferrero, surgidas a partir de un diálogo que este mantuvo con un joven chino, Daj, mencionadas en su antología de poemas y ensayos *Désespoirs*, publicada en 1933:

> La actitud del europeo, que durante toda su vida se pregunta: "¿Es o no es amor? ¿Será que amo de verdad a esta mujer, o solo tengo afecto por ella? ¿Amo a este ser o amo el amor?" etc; su desesperación cuando descubre, después de un análisis encarnizado, que no ama a esa mujer y que solamente tiene deseos de amar, esa actitud podría ser considerada por un psiquiatra chino como un síntoma de locura. (Ferrero *apud* Rougemont, 1988, p. 230)

En esa misma línea argumentativa, Hsu,[9] antropólogo de nacionalidad china, observa que, en el estilo de vida chino, las personas creen que los sentimientos personales, entre los cuales se encuentran los amorosos, deben ser sometidos a las exigencias del grupo. Debido a esa preponderancia de lo colectivo sobre lo individual, de los valores morales sobre los sentimientos personales, el contacto de los chinos con la idea de amor romántico, pensado como un sentimiento que

---

8   Rougemont, escritor suizo de lengua francesa, se formó en la Universidad de Viena. En 1931 asumió la dirección literaria de las ediciones de *Je sers*, en París. En 1932, fundó junto a E. Mounier, las revistas *Esprit* y *Ordre Nouveau*. Sus ensayos, en particular *El amor en Occidente*, publicado en 1939, testimonian su originalidad como pensador. Sus ideas influenciaron la formación de varias generaciones de intelectuales y estuvieron presentes en los grandes debates políticos y éticos de su época.

9   Hsu recibió el título de doctor en antropología por la Universidad de Londres en 1941. Tras haberse radicado en los Estados Unidos, en 1944, dio clases en varias universidades americanas y fue presidente de la American Anthropological Association.

une y desune a las personas a tono con sus deseos, no siempre provoca, como se podría pensar, un efecto más profundo en la relación entre los jóvenes. Dicha consideración se fundamenta no solo en su experiencia personal, sino también en una investigación realizada en una aldea china, Tali-Fu, provincia de Yunnan, entre 1941 y 1943.

Conforme Hsu busca demostrar, como etnógrafo de su propia sociedad, "el modo de amar americano les parecería a los chinos casi indistinguible de lo que ellos denominan libertinaje" (1981, p. 50). Cuando un hombre o una mujer dicen estar amando, esa declaración acarrea en sí misma la connotación de algo irregular. El patrón de noviazgo norteamericano, en la opinión de un taiwanés que visitó los Estados Unidos en 1967, les parece a los chinos una costumbre que, más allá de su apariencia liberal, en realidad, convierte a las mujeres en "objetos de recreación pública".[10] Esto no significa que las universitarias de Taiwán o de China continental no tengan noviazgos, sino solo que "las muchachas chinas que tienen noviazgos, y especialmente aquellas que se tornan íntimas de muchos muchachos, son consideradas como estando meramente ejerciendo una autodegradación" (1981, p. 59). El hecho de que ellas estén amando o hayan dejado de amar no es considerado como una justificación razonable para iniciar o terminar una relación amorosa, ni para contrariar los intereses o designios familiares. En este contexto, los casamientos basados exclusivamente en el amor, en detrimento de consideraciones familiares y económicas, parecen egoístas e interesados. Esta situación es inversa a lo que sucede en el mundo occidental, donde son calificados de interesados justamente aquellos casamientos que tienen en cuenta motivaciones no concernientes exclusivamente al amor. Consciente de esa diferencia cultural en la motivación para el casamiento, Hsu hace una apreciación irónica sobre los norteamericanos. A su entender, "el amor romántico es un ideal tan importante en América que, cuando una mujer se casa con un hombre por interés, ella raramente se atreve a admitirlo, incluso con su familia o sus amigos más íntimos" (1981, p. 50).[11]

---

10   Esa consideración sobre el patrón de noviazgo americano fue publicada en el *Central Daily News* de Taiwan (Hsu, 1981, p. 57).

11   Esta irónica apreciación, hecha por Hsu, sobre la coacción para amar, típica de Occidente, puede ser aplicada inclusive a las relaciones adúlteras, en las cuales los enamorados no están presos ni por intereses económicos ni por obligaciones morales, sino solo por la pasión que los une. El amor por el amor puede inducir a los enamorados a mantener la representación del papel de enamorados a pesar de que ese sentimiento haya dejado de existir. La descripción hecha por Flaubert de los sentimientos de Emma Bovary es muy ilustrativa de esa presión cultural para amar. En

Hsu observa también que los términos *lien ai* (amor romántico) así como *ai jen* (amante), presentes en la literatura china contemporánea, reflejan la necesidad de encontrar una expresión equivalente a la occidental.[12] En los textos clásicos, "las dos palabras, *lien* y *ai*, aparecían separadamente, cada cual significando amor, afecto o apego, no entre un hombre y una mujer, sino como corolarios al concepto de lealtad (emperador-súbdito) o de piedad filial" (1981, p. 49–50). En ese contexto, la aplicación del término *lien ai* a las relaciones conyugales o a aquellas que anteceden el casamiento no sería plausible. Incluso con la modernización, los dramas amorosos raramente aparecen en la literatura erudita.[13]

Tales consideraciones de Hsu, relativas a los años 1940–1960, se vuelven aún más relevantes cuando se percibe que la prevalencia del deber moral sobre los sentimientos e intereses personales —destacada por él como uno de los valores esenciales de la civilización china tradicional— continuaba siendo la norma, por lo menos hasta la década del ochenta del siglo pasado, a pesar de que el régimen comunista se haya establecido y afirmado como portador de valores revolucionarios radicalmente distintos de los vigentes en el pasado.

Para clarificar la continuidad entre el pasado y el presente, un artículo de Yuan Lili, intitulado "The Sacrificing Wife: Enlightened or Benighted?", publicado en 1987, en la revista *Women in China*, es una buena referencia. El mismo trata de una polémica, acompañada por

---

cierto momento de su relación con el amante, cuando "ella se sentía tan disgustada con él, como fatigado de ella estaba él", Emma persiste en escribirle cartas amorosas, "obedeciendo a la idea de que una mujer siempre debe escribirle al amante. Pero al escribir tenía en su espíritu a otro hombre, un fantasma compuesto de sus más ardientes recuerdos, de sus lecturas más bellas, de sus más fuertes ansiedades; y finalmente este se tornaba tan verdadero y accesible que Emma palpitaba por él, maravillada, no obstante, sin poder imaginarlo claramente, tanto él se perdía como un Dios, en la abundancia de los atributos" (1971, p. 218).

12   La inexistencia, en el chino clásico, de un término que pueda ser traducido por amor, en el sentido que le es dado en Occidente, no refleja un hecho excepcional. Entre los Nymba de Nepal, por ejemplo, conforme demuestra Levine, no existe "ningún término o concepto comprensible para describir la idea de amor, sea divino, filial o sexual. Se supone que las relaciones sexuales son particularmente propicias al desarrollo de apegos interpersonales y que son motivadas o motivan el deseo carnal, conocido como *dödchag*. No existe otro término que pueda ser usado para describir el amor sexual de esposos o amantes. No existe, tampoco, ninguna valorización positiva de ese fenómeno" (1981, p. 110).

13   El propio Jankowiak reconoce que, en la China Imperial, los dramas y las tragedias amorosas aparecían casi exclusivamente en cuentos e historias populares. Entre estos, "la leyenda más popular era la de la *Diosa de Jade*" (1993, p. 192–193), escrita durante la dinastía Sung, que va del año 928 al 1233. En el lenguaje literario de la elite y de la corte, no había espacio para ese tipo de temática.

la *Chinese Women's News* (editado por la *All China Women's Federation*) y por el *Peoples Daily* (diario dirigido por el Partido Comunista), que justamente señala la dificultad de clasificar determinados comportamientos como feudales o revolucionarios. El debate se centró en torno a la pregunta: "¿Fue el caso de Tian una consecuencia del humanismo socialista o de la benevolencia feudal?". El eje era una mujer de la zona rural, Tian Juhua, cuyo marido había quedado paralítico cuando ella tenía 28 años. Durante ocho años, tiempo que transcurrió hasta el momento en que su historia se hizo pública, se dedicó integralmente al marido, cuyos deseos, incluso los más extravagantes, ella satisfacía. Esto, por ejemplo, la llevó a pescar en invierno en condiciones adversas.

La pregunta instalada por los diarios sensibilizó a innumerables mujeres de varias provincias, municipalidades y regiones autónomas chinas. Ellas se manifestaron por medio de cartas a la redacción, algunas de las cuales fueron publicadas por Yuan Lili en el artículo mencionado. Analizándolas, se ve que expresan tres diferentes tipos de reacción frente al comportamiento de Tian Juhua. Según el punto de vista de ciertas misivistas citadas, como Kong Xiaoling, la dedicación de las mujeres a los maridos no debería ser renegada como un valor arcaico, sino mantenida como constitutiva de la esencia de la "concepción de mujer china", principalmente porque "las personas deben tener ejemplos morales y deben aceptar los deberes sociales". A su entender, la justificación dada por ciertas mujeres de que, al seguir sus propias inclinaciones en asuntos de casamiento y de familia, lo hacen "en nombre de la independencia y la emancipación" encubre el hecho de que, "en verdad, solo están en busca de sus propios intereses" (Yuan Lili, 1987, p. 23). Otras, reconociendo el valor del autosacrificio, lo consideran, sin embargo, de difícil ejecución: "Tian Juhua hizo lo correcto. Pero no quiero negar que las mujeres también son de carne y hueso y que tienen emociones humanas. Lo que Tian Juhua hizo puede ser un acto difícil para el estilo de vida de las mujeres modernas", afirma Fan Yan (Yuan Lili, 1987, p. 23). Finalmente, un tercer punto de vista es el de las que consideran la actitud de Tian Juhua un vestigio del feudalismo, cuando las mujeres eran inducidas a sacrificar su felicidad a fin de obtener gloria y riqueza espiritual. Zhang Min y Con Hua, por ejemplo, expresan con indignación esa opinión, al afirmar que "es difícil entender por qué las mujeres están siendo enseñadas a ayudar a promover la ética socialista a través de las esposas virtuosas" (Yuan Lili, 1987, p. 23). Para ellas, el casamiento no debería ser un arreglo en beneficio de los hombres a costa del sacrificio de las esposas.

En la discusión del contenido de esas cartas, sin embargo, hay una coincidencia que atraviesa las divergencias. Los sentimientos de los cónyuges, uno por el otro, así como la existencia o no de amor o de afecto entre ellos, no son tomados en consideración por ninguna de las misivistas. Referencias a la atracción sexual también están ausentes en la selección de las cartas. Esta fue considerada por una de las comentaristas, Zhang Wan, "muy vulgar para ser planteada en ese contexto" (Yuan Lili, 1987, p. 24). Tanto aquellas que consideran la dedicación abnegada de Tian Juhua como un deber moral válido e incuestionable *per se*, como las que condenan esa dedicación como un vestigio del feudalismo juzgan el abnegado comportamiento de Tian Juhua, sin preguntarse si existiría o no amor entre ella y el marido. Esto comprueba la irrelevancia del amor en la relación entre marido y mujer en China, y expresa también la desvalorización, señalada por Rougemont y Hsu, de aquellos que actúan de acuerdo a sus intereses y placeres personales, entre los cuales se incluyen los amorosos. Tales evidencias de la poca importancia dada al amor en la relación entre marido y mujer cobran una relevancia todavía mayor por haber sido expresadas en 1987, época en la que Jankowiak concluía la segunda etapa de su investigación etnográfica en Hohhot.

La prevalencia del deber sobre los sentimientos personales también aparece en algunas canciones populares chinas. En una de estas, cantada frecuentemente en Taiwán y en Hong Kong en la década del cincuenta del siglo pasado, el diálogo en el cual los dos enamorados expresan su desesperación al verse frente a la inminencia de una separación termina con el siguiente comentario del joven: "un *gentleman* es conocido por su moral, ¿cómo se atrevería a condescender a sus sentimientos íntimos?" (Hsu, 1981, p. 58).

Un abordaje alternativo: amores disciplinados y amores domesticados

A fin de escapar de una perspectiva particularista, según la cual el amor romántico sería un sentimiento raro, propio del mundo occidental, y, al mismo tiempo, de un punto de vista universalista, que disocia el amor romántico de su relación intrínseca con el casamiento, propongo dos conceptos: el de amor disciplinado y el de amor domesticado.

La elección de los términos "disciplina" y "domesticación" para denominar diferentes especies de amor, y "salvajismo", para nombrar los aspectos pasionales disciplinados o domesticados,[14] no fue hecha

---

14 Amores realmente salvajes, no insertos en lo simbólico, serían incomunicables,

al azar. Estos términos aparecen con cierta frecuencia en la literatura sobre el amor, generalmente con el propósito de designar las características paradójicas de este sentimiento, unas veces ligado a la naturaleza, otras a la cultura. La coincidencia en la terminología, sin embargo, no significa que las nociones de amor disciplinado y domesticado, tal como las concibo, provengan de formulaciones preexistentes. Ambas tienen connotaciones que les son peculiares, derivadas, sobre todo, de la relación que establezco, respectivamente, entre las nociones de amor disciplinado y domesticado y los valores holistas e individualistas, en el sentido dado por Dumont.[15]

En las sociedades dominadas por valores holistas, en las cuales el todo social se coloca por encima de los individuos que lo componen, el imprevisible y arbitrario salvajismo del amor pasional es visto como inaceptable, debiendo ser, en principio, controlado, disciplinado, a través del autosacrificio, de la abnegación y de la renuncia, que lo someten a los intereses grupales representados por la familia o por entidades más abarcativas. Los amores disciplinados se contraponen a los descontrolados, indisciplinados, considerados como inevitablemente desmoralizantes, destructivos. En cambio en el ámbito de las sociedades donde predominan valores individualistas, en las cuales los individuos constituyen la realidad primera siendo la sociedad solo un medio para satisfacer sus necesidades y demandas, el salvajismo pasional del amor, pensado no como descontrolado, es decir, como pasible de contención, sino como incontrolable,[16] es, muy por el contrario, glorificado y tomado como una experiencia emocional deseable y ennoblecedora. Como señala Luhmann, "se espera, incluso se exige, que el sujeto quede a merced de una pasión, contra la cual nada se puede hacer antes de sumergirse en una relación amorosa profunda" (1991, p. 73). Esto sucede aun cuando esa relación se da a costa del sufrimiento o de la muerte inclusive. Dicho evento, por ser enfocado desde el ángulo del destino del individuo apasionado y no del grupo social al cual pertenece, no es considerado socialmente destructivo, sino solamente trágico del punto de vista de la

---

así como los *trances salvajes* analizados por Bastide, "una pura forma carente de contenido, una casi locura" (1976, p. 105).

15   En la concepción de Dumont, existen dos tipos de sociedad: "donde el individuo es un bien supremo, hablo de individualismo. En el caso opuesto, donde los valores reposan en la sociedad como un todo, hablo de holismo" (1991, p. 94).

16   La creencia de que las pasiones, entre ellas la amorosa, son intrínsecamente incontrolables por ser parte integrante de la naturaleza humana constituye la base de la absolución a los condenados por "crímenes pasionales" (Corrêa, 1983). En la India, la absolución a los que matan mujeres se justifica por el no cumplimiento, por parte de la familia de la novia, de los acuerdos relativos a la dote (Kumari, 1989).

trayectoria de su vida personal. Domesticar el amor no es, entonces, amansarlo, tornarlo dócil —sentido muchas veces dado al término "domesticado"—, sino utilizarlo, en su imprevisibilidad descontrolada y potencialmente subversiva, como fundamento indispensable para la obtención de relaciones amorosas gratificantes.

La utilización del término "domesticado" para caracterizar la concepción de que la pasión amorosa, a pesar de su arbitrariedad e irracionalidad, puede ser puesta al servicio del orden social no es inusitada entre los pensadores dedicados a esta temática. No obstante, la relación entre amores domesticados y valores individualistas, así como las diferencias que los separan de los amores disciplinados, no es destacada. La antropóloga Jacqueline Sarsby, por ejemplo, nos advierte sobre la paradoja de que el amor sea pensado "como un rayo viniendo del cielo contra el cual no se puede luchar, el desordenado encuentro de las almas gemelas, la compulsión que permite quebrar todas las normas sociales, siempre que se permanezca fiel a las propias emociones" y al mismo tiempo, de que sea considerado como el "único medio aceptable para direccionarse al casamiento, a la vida responsable del adulto y de la familia". Ella, sin embargo, se conforma con señalar que "la domesticación del amor en ese patrón más convencional es uno de sus misterios" (1983, p. 5–6). La noción de "corazones indisciplinados" de Peter Gay, a su vez, alude a amores que, según la terminología que utilizo, no serían clasificados como indisciplinados, pero sí como domesticados. Esto porque la indisciplina de esos amores se refiere al potencial destructivo "de las alianzas matrimoniales inadecuadas y de las irregularidades conyugales" (1990, p. 134),[17] aprehendidas del punto de vista de los individuos involucrados en ellas, de su propio destino y de la posibilidad de autorrealización allí contenida.[18] En cambio el concepto de amores indisciplinados plantea cuestiones que afectan al grupo como un todo, y no solo la vida particular de uno de sus miembros.

La relación entre las ideologías amorosas, que emergen en Occidente, y los valores individualistas tampoco ha sido ignorada.[19] Lu-

---

17   La preocupación en relación al potencial destructivo del amor romántico demuestra, simultáneamente, la creencia en la legitimidad del amor como principio de selección conyugal y la presión de la familia sobre los jóvenes, a fin de intentar dirigir su elección.

18   Este punto también fue resaltado por Macfarlane, al referirse a las consecuencias negativas, "en términos de posición socioeconómica y felicidad personal" (1990, p. 298), de las elecciones amorosas erradas.

19   La valorización del individualismo se constituyó y maduró con el transcurso de varios siglos. Con el calvinismo, ese proceso llega a su estadio terminal: "el individuo ahora está en el mundo y el valor individualista reina sin restricciones ni limitaciones" (Dumont, 1985, p. 63).

hmann (1991, p. 12–17), por ejemplo, establece una correlación entre las concepciones de amor construidas en el mundo europeo en el transcurso de los dos últimos siglos y el grado de individualización que les corresponde en las relaciones íntimas (o, de acuerdo con su terminología específica, en las de interpenetración interhumana). Viveiros de Castro y Araújo (1977), por su parte, tratan de demostrar la existencia de una interrelación entre la noción de amor presente en *Romeo y Julieta* de Shakespeare y la concepción individualista de la vida social. A su vez Macfarlane (1990, p. 340) destaca el extraordinario ajuste entre el capitalismo, el individualismo y el sistema conyugal fundamentado en el amor.

El empleo de la noción de amor domesticado en el sentido que está siendo propuesto tiene, por lo tanto, una doble relevancia. Primeramente, por evidenciar las características específicas e inéditas de dos nociones de amor que han impregnado el imaginario del mundo occidental en el transcurso de los últimos siglos: la de "amor–pasión", que codifica amores adúlteros, secretos y marginados de la vida social,[20] y la de "amor romántico", que sirve de parámetro para relaciones amorosas que aspiran a concretizarse en el ámbito de la vida conyugal. En este último caso, "el amor se torna el fundamento del casamiento, este se torna un mérito siempre renovado del amor" (Luhmann, 1991, p. 187). Finalmente, la noción que propongo permite la disolución de los problemas inherentes a la proyección, en otros universos culturales, de las nociones de amor–pasión y de amor romántico destituidas de sus peculiaridades.

En ese contexto, el término "pasión amorosa" será utilizado para designar las emociones y los sentimientos apasionados asociados a las variadas manifestaciones de amores domesticados y disciplinados que se constituyen en diferentes contextos socioculturales. Al abordar la pasión amorosa de este modo, o sea, admitiendo que se la enfoca de distinta forma, de acuerdo al contexto cultural, tomo como campo de investigación los discursos amorosos producidos en sociedades dominadas por valores individualistas y los comparo con los producidos en aquellas fundamentadas en valores holistas. De este modo, busco superar tanto la posición particularista, que apuesta al carácter excepcional de la concepción de amor propia del mundo occidental, sin discernir sociedades donde existen experiencias amorosas irrefutables, como la adoptada por los adeptos al punto de vista universalista, que ven el mismo género de amor en todas partes.

---

20   Ver Stendhal (1993), Rougemont (1988), Truc (1942), Nelli (1975) y Luhmann (1991).

En una investigación de esta naturaleza, se justifica optar por el análisis de los discursos, en lugar de la observación directa de las vivencias amorosas en su concretud, en la medida en que estas últimas solo se vuelven accesibles al investigador cuando están inscriptas en documentos que las eternizan en el tiempo. Al hacer esto, no establezco una distinción entre las narrativas reales y las ilusorias, de modo de oponer declaraciones y relatos[21] que narran experiencias vividas en un determinado momento histórico a las construcciones literarias creadas por poetas y novelistas.[22] Primero, por creer que, ante la experiencia amorosa, que ata de manera indisoluble lo simbólico, lo imaginario y lo real, "estrangulada, la realidad se desvanece" (Kristeva, 1987, p. 6). Además, porque creo que las narraciones ficcionales, creadas a partir de la imaginación del poeta o del escritor, son, como resaltan los hindúes, "guías perfectamente adecuadas para la estructura causal de la realidad" (Kakar, 1990, p. 2).

En la interpretación que emprendo sobre estos dos tipos de narrativas —sean de las que se apoyan, al menos en principio, en vivencias reales, sean de las ficcionales—, no puedo dejar de tener en cuenta que los enunciados amorosos casi siempre son metafóricos y ambivalentes. En ellos, nada es contradictorio: la alegría y el dolor se mezclan, el placer y el sufrimiento se confunden. Estas irreductibles y múltiples formas a través de las cuales las emociones y los sentimientos amorosos son relatados por los enamorados o por novelistas y poetas, sus intérpretes por excelencia, son, paradójicamente, reflejos de la sociedad a la que pertenece el narrador y, como tales, peculiares y únicos y, al mismo tiempo, universales, por ser comprensibles y fascinantes para los enamorados de diferentes universos culturales.

Con este propósito, tomaré como objeto inicial de análisis los poemas de amor cortés elaborados y divulgados por los trovadores por toda Europa en el transcurso del siglo XII. Seguidamente, haré foco en las versiones clásicas de tres narraciones mítico–amorosas que ocuparon un lugar privilegiado en el imaginario de sus respectivas civilizaciones: *Tristán e Isolda*, de Béroul y Thomas, *Layla y Majnún*, de Nizami, y *Gita Govinda*, de Jayadeva, producidas en la misma época, respectivamente, en Europa, en el Oriente islámico y en la India hindú.

---

21 Me refiero a los datos autobiográficos y etnográficos.

22 La afirmación de Evans–Pritchard de que "la antropología social debe considerarse más como un arte que como una ciencia natural" (1978a, p. 137), juntamente con la aprehensión de los relatos etnográficos como ficcionales, por parte de autores más recientes, como por ejemplo Clifford (1986), me parecen coherentes con este tipo de abordaje.

LA CELEBRACIÓN DEL AMOR EN EL SIGLO XII

Amor choque, amor locura, amor inconmensurable, amor abrasamiento. Intentar hablar de él me resulta distinto, pero no menos penoso y deliciosamente embriagador que vivirlo. ¿Ridículo? Más bien loco. El riesgo de un discurso de amor, de un discurso amoroso, proviene sin duda sobre todo de la incertidumbre de su objeto. En efecto, ¿de qué estamos hablando?

Kristeva (1987, p. 2).

EL AMOR CORTÉS Y LA LÍRICA ÁRABE

El siglo XII ha sido considerado como la época en la cual el amor, en su vertiente heterosexual y humanística, comienza a ser celebrado y glorificado en Occidente.[1] Fue en ese siglo que los trovadores comenzaron a divulgar por toda Europa lo que se convino en llamar "amor cortés".[2] Fue también ese el período en el que tres narraciones mítico-amorosas en forma de poemas —*Tristán e Isolda*, en las versiones de Béroul y de Thomas, *Layla y Majnún*, de Nizami, y *Gita Govinda* de Jayadeva— fueron producidas, respectivamente, en Europa, en Oriente Medio y en la India. A esta notable coincidencia se suma el hecho de que fue entonces que se popularizó en China uno de sus más famosos cuentos de amor: *Diosa de Jade*.

Tales episodios son todavía más instigantes debido a la intensificación de las intercomunicaciones entre Europa y Oriente Medio, como consecuencia de las Cruzadas, y entre Oriente Medio y la India, debido a la expansión del dominio musulmán en el subconti-

1   Esto no significa que el amor romántico haya sido inventado en Occidente, sino que "el concepto occidental del amor (en su aspecto heterosexual y humanista), si no fue inventado o descubierto, por lo menos fue desarrollado en el siglo XII como nunca antes" (Singer, 1992a, p. 53).

2   La expresión "amor cortés" fue creada por el medievalista francés Gaston Paris, en 1883, para caracterizar la actitud ante el amor que aparece de forma innovadora en la literatura francesa del siglo XII (Singer, 1992a, p. 35).

nente indio. Guilherme de Poitiers, considerado el primero y más completo de los trovadores, comenzó a componer poemas de amor tras su retorno de las cruzadas y de su encarcelamiento, durante varios meses, a manos de los sarracenos de la corte de Tancredo. Antes de eso, sus versos cantaban "sus aventuras galantes de modo licencioso, podríamos decir realmente obsceno" (Rougemont, 1988, p. 257). El carácter innovador de la idea de que "el amor sexual entre hombres y mujeres es, *en sí mismo*, algo espléndido, un ideal por el cual vale la pena esforzarse" es enfatizado por Singer, al decir que esa es una concepción "radical que pocos pensadores europeos habían asumido seriamente antes del siglo XI" (1992a, p. 39-40).[3]

En la Antigüedad Clásica, "el amor, o sea, la intimidad moral con la mujer, era reputado infamante, porque se consideraba, entonces, que esta no era de modo alguno digna del hombre y que ella solo poseía un alma vil, sin vigor intelectual ni coraje" (Nelli, 1975, p. 262). En la literatura de esa época, no existe nada análogo al amor cantado por los trovadores: "ninguna de las tragedias griegas —esto es, de las treinta que nos quedan— tiene el amor como tema" (Rougemont, 1988 p. 262). En dichas circunstancias, "el tratamiento de la experiencia erótica con mujeres como destino de la vida —para usar nuestro vocabulario— habría parecido casi ingenua o sentimental. El camarada, el joven, era el objeto exigido en toda ceremonia del amor, y ese hecho ocupaba precisamente el centro de la cultura helénica" (Weber, 1985, p. 225).

Tampoco hay en la literatura grecorromana registros de amores análogos al de Abelardo y Eloísa,[4] la primera pareja de amantes apasionados cuya trágica historia, transcurrida en la París de 1118, llegó hasta nosotros. Los poemas de Abelardo, filósofo de gran prestigio en su época, se perdieron con el paso del tiempo. Fue preservado el relato de sus adversidades amorosas y profesionales, contadas en *Historia Calamitatum*, así como sus cartas a Eloísa y las de Eloísa para él. La producción de estos registros, no obstante, se dio solo después de que el amor que los unía, que era profundamente sexual, se volvió casto, debido a una serie de funestos acontecimientos que los llevaron a dedicarse a la vida monástica. Los eventos que los motivaron a unirse y luego a separarse se iniciaron cuando Abelardo, cautivado por la inteligencia y sagacidad de Eloísa y empeñado en

---

3   La imbricación, en el núcleo mismo de las relaciones entre hombres y mujeres, de un amor intenso, apasionado, solo puede suceder, en la interpretación de Nelli, cuando los hombres ya no se avergüenzan "de transportar hacia un objeto sexual un afecto que creían que debían reservar solamente para las madres" (1975, p. 9).

4   Abelardo, reputado y reconocido filósofo en su época, y Eloísa, su alumna, amante y esposa, nacieron, respectivamente, en 1079 y 1101, y fallecieron en 1142 y 1169.

conquistarla, se propuso darle clases particulares, en caso de que su tío y tutor, Fulberto, canónigo de la Catedral de París, lo hospedara en su casa. Sin desconfiar de la intención real de Abelardo, Fulberto consintió. Al descubrir que las pretendidas clases se habían transformado en encuentros amorosos, expulsa a Abelardo de su casa. A pesar de ello, los dos amantes continúan encontrándose secretamente. Cuando Eloísa queda embarazada, es retirada secretamente de la casa del tío y enviada a la tierra natal de Abelardo, permaneciendo allí hasta el nacimiento del niño. Con la intención de traer a Eloísa de vuelta a París, Abelardo busca a Fulberto y le propone casarse con la sobrina de este, a condición de que el casamiento fuera mantenido en secreto. En esa época no había posibilidad de que un filósofo conciliara el renombre profesional con el casamiento. Fulberto acepta la propuesta sin percibir que estaba siendo engañado nuevamente, ya que un casamiento hecho en carácter privado no le otorgaría a Eloísa, que fue a vivir con su tío tras el casamiento, la dignidad propia de una mujer casada. Dándose cuenta de esto, el Canónigo deshace el pacto, revelando a todos, el secreto del casamiento. Abelardo convence a Eloísa de refugiarse en una abadía de monjas, en Argenteuil, cerca de París, donde ella había estudiado de niña. Profundamente injuriado por haber sido engañado y deshonrado por las reiteradas tramas de Abelardo, Fulberto manda castrarlo. Tras ese evento dramático, Abelardo se recluye también en un monasterio.

Todos estos acontecimientos, que culminaron en la consagración de Eloísa y, posteriormente, de Abelardo, a la vida monástica, en lugar de destruir la pasión que sentían uno por el otro, la intensificaron. Al decir de Abelardo: "la separación de los cuerpos llevó al máximo la unión de nuestros corazones y, al no ser satisfecha, nuestra pasión se encendía aún más" (*apud* Vilela, 1989, p. 96). Eloísa vivencia con tanta intensidad la pasión erótico-amorosa que la misma invade todos los momentos de su vida en el convento, como ella misma confiesa abiertamente, en su correspondencia con Abelardo:

> Incluso durante la celebración de la misa, donde más pura debe ser la oración, las obscenas imágenes del deseo se apoderan de tal modo de mi muy miserable alma, que me dedico más a sus torpezas que a la oración. (Carta IV, Eloísa a Abelardo. VV.AA., 2013, p. 133)[5]

Hay también en sus cartas un ansia por la completa absorción en el ser amado:

---

5   Ella misma se acusa de hipócrita al declarar: "Alaban mi castidad, pues no se han dado cuenta de mi hipocresía. Atribuyen virtud a la pureza de la carne, cuando ella no pertenece al cuerpo sino al alma" (Carta IV, Eloísa a Abelardo. VV.AA., 2013, p. 134).

> Mi corazón no estaba conmigo, sino contigo. Y hoy más que nunca, si no está contigo, no está en ninguna parte. En verdad sin ti, de ningún modo puede existir. (Carta II, Eloísa a Abelardo. VV.AA., 2013, p. 113)

¿Cuáles serían las características distintivas del discurso del amor cortés vehiculado por los trovadores, que se expresa por medio de formas literarias y personajes bien distintos de los que se manifiestan en Abelardo y Eloísa?[6] Todos los que lo toman como objeto de análisis reconocen que este no permanece estático. Originario de la región del Poitou y del Languedoc, sudoeste de Francia, se diseminó, bajo diferentes formas, de ese centro irradiador a otras partes de Europa. Su aparición en esa región fue motivada, en gran parte, por la penetración de la lírica árabe —ya imbuida de influencias iraníes e indias—, difundida desde Oriente Medio y la España morisca por, "una sociedad que, aparentemente, esperaba esos medios de lenguaje para decir aquello que no osaba decir ni podía confesar en la lengua de los clérigos o en el habla vulgar" (Rougemont, 1988, p. 82).

Dedicados a una "Dama" —inaccesible por estar casada con un noble, generalmente señor de un feudo o de un reino—, el tema central de los poemas del amor cortés era siempre un amor infeliz y perpetuamente insatisfecho. El triángulo formado por el trovador, que declara su amor a la dama a quien pretende conquistar, y por el marido, que torna ese amor imposible y peligroso, le era constitutivo. La necesidad de adoptar un punto de vista masculino en el análisis del amor cortés —esto es, de hablar de mujeres prohibidas, del deseo de conquistarlas y de los peligros que esto acarrea— es consecuencia de la estructuración de ese triángulo amoroso. Ella deriva también del hecho de que los poemas que expresaban ese tipo de amor fueron producidos por hombres, y no por mujeres.[7] Eran ellos quienes cantaban y exaltaban las emociones del amor, en un lenguaje frecuentemente permeado por metáforas guerreras que asociaban la conquista amorosa a la conquista militar. Enunciaciones tales como las citadas a continuación, nos brindan una idea cabal de esta utili-

---

6   Más allá de las diferencias señaladas entre el amor cortés, cantado por los trovadores, y el vivenciado por Abelardo y Eloísa, existe entre ellos un punto en común. Ambos expresan amores destinados a mantenerse castos. El primero, por la renuncia a la consumación, y el segundo, debido a la castración de Abelardo.

7   En sus investigaciones sobre el amor, Rougemont jamás encontró "una sola mujer que haya cantado el amor de lejos" (1988, p. 268). Existe también, según Luhmann, evidencias empíricas de que los "hombres, al inicio de una relación, tienden más fuertemente que las mujeres a un ser amado romántico" (1991, p. 194).

zación metafórica, en el discurso amoroso, de términos propios del lenguaje guerrero:

> El amante asedia a su Dama. Traba asaltos amorosos a su virtud. La ataca frontalmente, la persigue, busca vencer las últimas defensas de su pudor y quebrarlas de sorpresa; finalmente la dama capitula. Pero entonces, gracias a una curiosa inversión muy típica de la cortesía, el amante será su prisionero, al mismo tiempo que su vencedor. Se convertirá en el vasallo de esta soberana, según las normas de las guerras feudales, como si fuera él quien hubiera sufrido la derrota. (Rougemont, 1988, p. 173)

La conquista de la mujer amada no dependía, no obstante, de la consumación sexual. El trovador, al menos en principio, no aspiraba a poseer físicamente a la dama. Desde los primeros tiempos de la cortesía, esta es asociada a la Virgen María: "María y la Dama compartieron los rasgos comunes de ser los puntos de mira de los deseos y de las aspiraciones de los hombres". Ellas encarnan también "una autoridad absoluta y tanto más atrayente cuanto más desligada de la severidad paterna" (Kristeva, 1987, p. 217-218).[8] Para comprender mejor la veneración y la sumisión a una mujer inaccesible, para la cual se sacrifica la propia vida, la descripción de Gonzague Truc del amor cortés es especialmente clarificadora:

> ¿Entonces qué es en verdad ese "amor cortés"? Digámoslo en una palabra, es, en su plenitud, el amor total, el amor absoluto, el amor que excede al amor porque renunció a lo que parece su razón de ser: la posesión. Él termina, realmente tiene que terminar con esa posesión, él es elección pura y, por eso mismo, excluye el casamiento. El caballero elige libremente a su dama, pero desde el comienzo se dedica enteramente a ella y se somete ciegamente a sus menores y peores caprichos. Uno, por obedecer de esta manera, combate vestido, en lugar de la armadura, con una simple túnica, prontamente embebida de su sangre, el otro desciende en una arena para recoger, entre las fieras, un guante que su bella dejó caer. Para reencontrar a la reina Guenièvre, Lancelot se sube a una carroza, lo cual es deshonrarse; por ella, también, consiente dejarse vencer ignobilmente en un torneo. (Truc, 1942, p. 21-22)

Lo que el lirismo occidental exalta desde su momento inicial es, por lo tanto, una obsesión tan intensa por el ser amado que todo lo demás se vuelve irrelevante. Las otras personas y el mundo mis-

---

8   La correlación entre la dama y la Virgen María, señalada por Rougemont, es resaltada, bajo otro aspecto, por Nelli: "La dama se eleva a la altura de la madre-en-espíritu, de donde el universo todo entero recae como una gracia. El amante, él mismo, quiere a partir de ahora morir, entrar en esa eternidad femenina, que no se revela a él sino por la negación de sus propias aspiraciones viriles" (1975, p. 100).

mo empalidecen. Lo que se glorifica "no es el placer de los sentidos, ni la paz fecunda de la pareja. No es tanto el amor realizado como la pasión de amor. Y pasión significa sufrimiento. He ahí el hecho fundamental" (Rougemont, 1988, p. 17). O, dicho en otros términos, la elección de "una mujer que encarna y materializa en *sí misma* la belleza, la bondad y todas las otras metas de la aspiración humana reconocidas por la tradición del eros" no aspira a la satisfacción plena, sino, a un "goce hecho de dolor y placer" (Singer, 1992a, p. 65-70). La frustración inherente a ese goce lo convierte en un placer mucho más profundo del que podría proporcionar la simple satisfacción sexual. "Este será un amor que magnifique al individuo, como reflejo del Otro inaccesible al que amo y que me hace ser" (Kristeva, 1987, p. 51). Al analizar una canción del trovador Arnaud Daniel, en la cual el erotismo se infiltra en la veneración ascética a la dama, y el sufrimiento y la alegría se mezclan, Julia Kristeva se pregunta si el amor sería un canto alegre o doloroso e, inmediatamente después, responde: "una cosa y la otra, sin duda, unión de los contrarios, paradoja, lluvia, sumersión, *joi*" (1987, p. 252).

La confluencia de la alegría y del dolor condensada en el término *joi* traduce un deseo que quiere realizarse y, contradictoriamente, eternizarse. Es por esta razón que la *joi d'amor*, esa alegría dolorosa inherente a la contención de un deseo simultáneamente casto y exaltado al máximo, induce a "un fervor inolvidable, un ardor verdaderamente voraz, una sed que solamente la muerte podría aplacar" (Rougemont, 1988, p. 123).

> Más me place, pues, morir
> que gozar de mezquina alegría
> Ya que la alegría que se alimenta vilmente
> No tiene poder ni derecho de gustarme tanto.
> (Aimeric de Belenoi, *apud* Rougemont, 1988, p. 66)

> Nada me causa tanto deseo
> Como el objeto que me huye.
> (Cercamon *apud* Rougemont, 1988, p. 253)

> ¡Dios mío! ¿Cómo puede ser
> Que cuanto más lejos está, más la deseo?
> (Aimeric de Belenoi, *apud* Rougemont, 1988, p. 67)

Esta exaltación de un "amor velado y secreto, casto y ardiente, delicioso tormento y mal del que nadie quiere curarse, pasión saludable y que alcanza la plenitud en la muerte" (Rougemont, 1988, p.

261) se expresa también en la poesía místico-erótica que surge en la Península arábiga, en el siglo IX.[9]

> Matándome haréis que viva pues para mí morir es vivir y vivir es morir.

> (Al-Hallaj *apud* Rougemont, 1988, p. 80)

> ¡Ah, no cumplas tu promesa de amarme por miedo a que venga el olvido!

> (Ibn Daub *apud* Rougemont, 1988, p. 253)

Otro paralelismo entre los trovadores cristianos y los del mundo islámico se encuentra en la cristalización de la pasión en torno a metáforas ligadas a la unión de las almas o de los corazones. En *Le collier de la colombe*, Ibn Hazm (1013-1063),[10] nacido en Córdoba, Andalucía, define el amor (*ishq*) como un ansia de unificación extremadamente fuerte (*ittihad*) (*apud* Singer, 1992a, p. 62). Su expresión se da, de forma alegórica, en los siguientes términos:

> Me encantaría que mi corazón hubiera sido abierto con un cuchillo.

> Tú allí habrías entrado. Después él habría sido cerrado nuevamente

> dentro de mi pecho. (Ibn Hazm, *apud* Nelli, 1975, p. 82)

También en Bernard de Ventadour, el frustrado deseo de unión se manifiesta por medio de sentimientos ligados al corazón:

> ¡Ella me robó el corazón, se apoderó de mi ser, me robó el mundo y después de mí se escapó, dejándome solo el deseo y mi corazón sediento!

> (Ventadour *apud* Rougemont, 1988, p. 69)

He aquí un amor intenso, exaltado y, al mismo tiempo, disciplinado. Sometido a la fuerza del autosacrificio, de la abnegación y de la renuncia, no desafía las alianzas matrimoniales preestablecidas por la moral cristiana y por los valores feudales. Lo que importa, ante todo, es la vivencia de la pasión, en su pureza mística, y no la satisfacción de un deseo de índole sexual. La disciplina del amor cortés se manifiesta, especialmente, por la exigencia del mantenimiento de

---

9   Esta analogía es señalada por Nelli en *L'Érotique des troubadours*, al afirmar que la idea de la muerte por amor constituye "la sustancia del amor árabe y del amor provenzal" (1963, p. 52 *apud* Rougemont, 1988, p. 248).

10   Según Eliade (1983, p. 162), los poemas de amor de Ibn Hazm, sufrieron la influencia del mito platónico del *Banquete*.

la castidad. Como consecuencia de esto, el amor "se niega algunas veces a sí mismo en cuanto deseo físico y violencia" (Nelli, 1975, p. 25). Esto no significa, de modo alguno, la inexistencia de erotismo sexual en el amor cortés.[11] El anhelo insatisfecho y voraz que quiere eternizarse se inflama aún más por la castidad que le es constitutiva:

> Guillermo, Bernard de Ventadour y todos los demás hacen patente que desean ver el cuerpo desnudo de la amada, que quieren tocarla y besarla, que anhelan todos los goces del amor, menos el acto sexual mismo. Pero al demandar la frustración de su instinto sexual no lo eliminaron; por el contrario, intensificaron su idealización. Al imponerse restricciones, el *fin'amors* hace retroceder la carga eléctrica del deseo físico, lo enmarca en el contexto de una búsqueda espiritual, lo utiliza como energía de un impulso idealizador que, finalmente, se expresa en poesía. (Singer, 1992a, p. 70)

Se comprende, así, la razón por la cual la prueba (*asaig, assays* o *essai*) de amor impuesta por la dama puede demandar la "prueba heroica de guardar castidad en el lecho" (Rougemont, 1988, p. 254). Se comprenden, también, ciertas escenas de la *Mesa redonda* y de *Tristán e Isolda*, en las que los amantes se acuestan juntos, pero permanecen separados por una espada. El heroísmo otorgado por la autodisciplina en el mantenimiento de la castidad no es, sin embargo, un fenómeno exclusivo del amor cortés. También se lo puede encontrar en el imaginario del mundo árabe de esa época. En el ya mencionado *Le collier de la colombe*, hay un pasaje en el que se celebra el carácter heroico de un personaje que, "provocado por la mujer de un amigo, expone su dedo a la quemadura cruel de una vela a fin de resistir" (*apud* Truc, 1942, p. 20).[12]

La castidad pretendida por el amante, sin embargo, no supone la inexistencia de contratiempos en la expresión de su amor. El secre-

---

11   Conforme señala Nelli, recurriendo al *Traité de l'amour courtois* de André le Chapelain, capellán de Felipe Augusto, Rey de Francia: "Basta leer a André le Chapelain para comprender que el amor cortés podía —y debía— llegar hasta la contemplación de la dama desnuda y a caricias bien osadas, siempre que el acto que mata el amor no tuviera lugar jamás" (1975, p. 80-81).

12   La semejanza entre esa forma heroica de resistir a la seducción y la contenida en un cuento de León Tolstói, "El padre Sergio" —que sirvió de tema para la película *El sol también sale de noche* de los hermanos Taviani—, tal vez pueda provenir del conocimiento, por parte de Tolstói, de la trama escrita por Ibn Hazm en *Le collier de la colombe*. En el cuento de Tolstói, el Príncipe Kasatski —que se volvió un ermitaño, bajo el apodo de Padre Sergio, debido a una desilusión amorosa vinculada a su honra —se corta con un hacha la falange del dedo índice de la mano izquierda, a fin de resistir a la tentación representada por Makovkina, una aburrida aristócrata que pide asilo en su ermita con la intención de seducirlo (2001, p. 58-62).

to, que le es constitutivo, señala el riesgo que conlleva la expresión de ese amor en una sociedad fuertemente patriarcal, en la cual las mujeres casadas estaban cercadas por las prohibiciones más rígidas y estrictas. Este aspecto es resaltado por Duby, al afirmar que el peligro residía en el corazón mismo del esquema "porque, por una parte lo picante del asunto provenía del peligro afrontado (los hombres de esa época juzgaban, con razón, más excitante cazar una mujer madura que una inexperta) y porque, por otra parte, se trataba de una prueba en el curso de una continua formación, y cuanto más peligrosa la prueba, más formativa era esta" (1989, p. 60).[13] Es por esta razón que Duby lo interpreta como "un juego entre hombres", tan difícil como el practicado en los torneos, en los cuales los jóvenes apostaban sus vidas con la intención de aumentar su valor y afirmar la virilidad.

Sin los obstáculos y los riesgos que los rondan, no existirían la gloria, el renombre y el encanto que dan a ese amor adúltero un carácter heroico.[14] La posible reacción violenta de los maridos no debe ser subestimada. La legendaria narración de lo sucedido al desdichado poeta Guillem de Gabestach revela las amenazas que rondaban ese amor casto:

> Raymond de Castel Rosello, sospechando que su mujer, Saurimonde, había tenido una relación amorosa con él, mandó asesinarlo y, habiéndole arrancado el corazón, se lo sirvió a Saurimonde como si fuera el de un jabalí. (Nelli, 1975, p. 81)

La contención sexual que fundamenta este tipo de castidad no es, sin embargo, ni cristiana ni islámica. De acuerdo con Rougemont, la misma proviene de creencias y rituales religiosos que la India y China ya conocían. En uno de estos rituales, tántrico en su origen, la exaltación mística se da por la contención seminal, por la búsqueda de la "beatitud erótica, obtenida por la suspensión no del placer, sino de su efecto físico" (1988, p. 88). En China, el taoísmo conoce prácticas similares, aunque con distintos objetivos. La contención seminal, es decir, la economía de ese principio vital, es prescripta como un medio para prolongar la juventud y la vida. De cualquier forma, existe en la pasión del amor cortés un "juicio de valor" que la mantiene "constantemente bajo el control del espíritu y, en cierta forma, la niega" (Nelli, 1975, p. 102).

---

13   Estas consideraciones de Duby reflejan una aprehensión muy francesa de la pasión amorosa, como será visto posteriormente.

14   "A la luz de la antigua lengua ática, ese nombre (héroe) se revela derivado de amor (érôs)" Pessanha, 1993, p. 86).

La disciplina a la que se somete el amor cortés, sin embargo, no debe ser vista solo en términos de una práctica religiosa esotérica. Ella es doblemente útil para el orden político-social: contribuye a la preservación del sistema matrimonial fundamentado en alianzas políticas entre los feudos y a la consolidación del poder del príncipe sobre la caballería. El *Traité de l'amour courtois*, de André le Chapelain, nos brinda un buen panorama de ese proceso de utilización del amor cortés en el mantenimiento del sistema matrimonial. En dicha obra, hay una convergencia, aparentemente paradójica, entre el respeto al lazo conyugal y la glorificación de los amores adúlteros. Escrito por un capellán de la corte, el objetivo de ese tratado era el de proveer un código que "orientase hacia la regularidad, hacia una especie de legitimidad, las insatisfacciones de los esposos, de sus mujeres, y, sobre todo, de esa masa inquietante de hombres turbulentos a los que las costumbres familiares forzaban al celibato" (Duby, 1988, p. 63). El poder del señor feudal, a su vez, era reforzado, ya que el amor cortés exigía, de aquellos que lo vivían, el dominio de sí, la fidelidad y la abnegación, condiciones esenciales para la moral vasallática. Sirviendo a su amada, era el "amor del príncipe (su esposo) lo que los jóvenes trataban de ganar, esforzándose, doblegándose, inclinándose" (Duby, 1988, p. 65). Dicho en otros términos, "que la Dama es esa luna que refleja el poder solar de su padre o de su esposo, ya lo sabía la erótica cortesana" (Kristeva, 1987, p. 313). Este amor cortés propiciaba también, a aquellos comprometidos con sus postulados, un ennoblecimiento inaccesible al burgués, excluido, en principio, de ese juego, reafirmando y marcando, de este modo, las diferencias de estamento en cierta medida amenazadas por la emergencia, aunque incipiente, de la burguesía.

> Así como sostenían la moral del casamiento, las reglas del amor delicado reforzaban las de la moral vasallática. De este modo sostuvieron en Francia, durante la segunda mitad del siglo XII, el renacimiento del Estado. Disciplinado por el amor cortés, ¿acaso el deseo masculino no fue utilizado con fines políticos? Esta es una de las hipótesis de la incierta y titubeante investigación que estoy llevando a cabo. (Duby, 1988, p. 65)

A medida que se difunde, este tipo de amor va cobrando diversas connotaciones. En su versión septentrional, donde fueron forjadas las primeras expresiones literarias de la leyenda de *Tristán e Isolda*, las mujeres dejan de ser distantes objetos de adoración e inspiración y pasan a desempeñar un rol más activo. En ese nuevo contexto, "el amor cortesano a veces es adúltero, generalmente de intención abiertamente sexual, y solo raras veces se interesa por los valores del amor no correspondido" (Singer, 1992a, p. 52).

Tristán e Isolda: la fuerza irreprimible del amor en el contexto europeo

Tristán e Isolda forma parte del ciclo de novelas bretonas, entre las cuales se incluyen las de la *Mesa redonda*. En esta obra, sin embargo, la parte dedicada al amor supera ampliamente a la dedicada a la épica. A partir de la segunda mitad del siglo XII, su prestigio fue de tal monta que sobrepasó el usufructuado por las canciones de los trovadores. Desde entonces, su trama, expresada en poemas, fue contada y vuelta a contar innumerables veces. Las versiones más conocidas son la de Béroul y la de Thomas.[15] La de Joseph Bédier es una adaptación de las escritas por Béroul, Thomas, Eilhardt y Gottfried de Estrasburgo.[16]

El poder ejercido por esa leyenda ha sido equiparado al de los mitos. En la interpretación de Rougemont, su fuerza mítica se manifiesta donde quiera que se crea que el amor es un destino ineluctable que "fulmina al hombre impotente y maravillado para consumirlo en un fuego puro; y que él es más fuerte y verdadero que la felicidad, la sociedad y la moral" (1988, p. 23). También para Truc, fue en *Tristán e Isolda* que el deseo por la mujer prohibida, mantenido por los trovadores bajo el dominio de una voluntad disciplinada, se vuelve incontrolable y, al mismo tiempo, más importante que los deberes filiales, la lealtad y la moral: "el deseo retoma allí su lugar que, desgraciadamente, es el primero en el ser de carne que somos y el fundamento de todo amor" (1942, p. 28).

La pasión de Tristán e Isolda se inicia en alta mar, durante el viaje de regreso de Irlanda, donde, por encargo de su tío y señor, el Rey Marcos de Cornualles, Tristán fue a buscar a Isolda, futura esposa de Marcos. La violencia del deseo y la pasión que Tristán e Isolda sienten el uno por el otro y la consecuente incapacidad de contenerlos[17] es atribuida a la inadvertida ingestión de un filtro mágico, destinado a Isolda y al Rey Marcos en su noche de bodas. Ese acto marca la falta inicial, renovada, expiada y nuevamente retomada en el transcurso de toda la narración, que finaliza con la muerte de los dos amantes.

---

15   De la versión de Thomas, compuesta entre los años 1170-1173, se preservó solo un cuarto de los manuscritos. La de Béroul, redactada en 1180, fue más conservada; de ella aún quedan 4.485 versos (Ver Le Goff, 2010).

16   "P. Gallais, en su estudio *Tristán e Isolda y su modelo persa*, desarrolló la hipótesis del origen oriental de la primera novela de Tristán, basándose en analogías que pueden ser halladas entre la narración francesa y la narración persa de *Vis y Ramin*. Esta hipótesis tiene el mérito de enfatizar la importancia de Oriente en la literatura medieval" (*apud* Baumgartner, 1993, p. 18-19).

17   La violencia del "deseo carnal es denunciada por los propios amantes como

Se introduce así, en lugar de la unilateral muerte por amor del caballero, que arriesga su vida por la dama —propia del amor cortés—, una muerte doblemente anhelada por los enamorados. Deseada por Tristán, ya enfermo y debilitado, en el momento en que, esperando ansiosamente por Isolda, cree que ella ya no podrá venir, y por Isolda que, al encontrarlo fallecido, lo abraza y muere.

La pasión de Tristán e Isolda, en la mayor parte del tiempo incontenible y descontrolada, se desarrolla en una atmósfera densamente trágica, apasionada y salvaje,[18] pasible de desenvolverse solo en espacios también salvajes, como el mar y el bosque, al margen, por lo tanto, de la vida cotidiana sometida a las leyes de la cortesía, de la moral cristiana y de la fidelidad feudal. La fuga de Tristán e Isolda hacia el bosque de Morois, luego de que el Rey Marcos descubriera que ellos se encontraban secretamente, representa, metafóricamente, ese aislamiento de la pareja de enamorados en relación a los deberes y obligaciones que los vinculan a los otros miembros de la sociedad.[19] El bosque se vuelve, de este modo, "el espacio esencial de la narración, en la medida en que es emblemático, al mismo tiempo, de la fuerza del amor, capaz de romper las convenciones sociales y trascender las restricciones físicas, y del carácter insostenible, a largo plazo, de un amor vivido fuera de las prácticas y de los rituales de la sociedad" (Baumgartner, 1993, p. 50). En la versión de Gottfried de Estrasburgo, la gruta en la que los amantes se refugian es descripta de la siguiente forma:

> No sin razón
> Está relegada la gruta
> En esta comarca salvaje
> Quiere esto decir
> Que el lugar del amor
> No se encuentra en los caminos trillados
> Ni en torno a las habitaciones humanas
> Habita los desiertos
> El camino que conduce a su refugio

---

una fuerza coactiva, exterior, que no encuentra la adhesión de su voluntad y que es sentida como catástrofe y como fatalidad" (Baumgartner, 1993, p. 67).

18   En la versión de Wagner, el marinero que conduce el barco canta: "¡Oh hija de Irlanda!, ¿dónde te demoras? Lo que hincha mis velas son tus suspiros. Sopla, sopla, ¡oh viento! Desgracia, ¡ah! desgracia, hija de Irlanda, enamorada y salvaje" (*apud* Rougemont, 1988, p. 43).

19   "Desde entonces nada los separará, ni las presiones, ni la traición, ni la ausencia, sus días más salvajes serán aquellos que pasarán en aquel bosque, durmiendo en un lecho de paja, nutriéndose de la caza abatida con el arco, que no pierde el blanco jamás" (Truc, 1942, p. 27-28).

Es duro y penoso.
(*apud* Rougemont, 1988, p. 234)

No obstante, no se sienten responsables por vivir una pasión incontrolable, que solo encuentra guarida al margen de la vida social. Sus emociones y las acciones que de ellas derivaron son justificadas por ellos como un resultado inevitable del poder mágico del filtro, que habían bebido por engaño:

Si ella me ama, es por el veneno
No puedo separarme de ella
Ni ella de mí... (Exclama Tristán)
Y a su vez Isolda dice:
Señor, por Dios omnipotente
Él no me ama, ni yo a él
Fue un filtro que bebí
Y él también: ese fue el pecado.
(Béroul, *apud* Rougemont, 1988, p. 33)[20]

En nombre de ese amor, ellos mienten, traicionan, son desleales y hasta blasfeman. Entre los artificios utilizados por Isolda para engañar al Rey, consta su sustitución, en el lecho nupcial, por su sierva Briolanja, a fin de hacerle creer al esposo que aún era virgen. O incluso su juramento de fidelidad —exigido para disipar las dudas de algunos nobles de que el Rey estaba siendo traicionado— en el cual ella miente capciosamente y, al mismo tiempo, distorsiona lo que dice para que aparezca como verdad, al asegurar que jamás había dado su amor a otro hombre más allá de aquel que primero la tomó virgen en sus brazos. Por último, puede mencionarse la prueba del hierro candente, que la quemaría, según la creencia de la época, en caso de que estuviera mintiendo. La afirmación de Isolda puesta a prueba fue la de que, excepto el Rey Marcos y el pobre peregrino que la amparó al descender del barco, ningún otro hombre la había tenido en sus brazos. Lo que tornó verdadera tal afirmación fue un ardid, ya que el peregrino al que se refiere no era otro sino Tristán disfrazado, que se había aparecido allí en común acuerdo con Isolda. Todas esas artimañas apuntaban a dar falso testimonio de la castidad de Isolda y de su fidelidad al Rey Marcos. Tristán, por su parte, igualmente impulsado por un deseo al cual no se siente capaz de resistir, no se cohíbe de traicionar al Rey Marcos, que reiteradamente lo defiende contra lo que considera falsas acusaciones.

---

20 Ese pasaje de Béroul me pareció más significativo que el de Bédier. Recurrí a él para exponer mejor la idea, presente en toda la trama, de que los desatinos de los dos amantes fueron motivados por la actuación del *filtro*, y no por una decisión deliberada.

He aquí, pues, una pasión que es, simultáneamente, pecaminosa y gloriosa, heroica, ennoblecedora a los ojos de la sociedad y de los propios amantes.[21] He aquí también un amor narcisístico, un amor por las emociones que el estar amando produce, incluso a costa del sufrimiento y de la muerte. Esto se refleja en la destrucción, por parte de Isolda, del cascabel mágico que le había sido dado por Tristán a fin de hacerle olvidar su dolor. Paradójicamente, sin embargo, esa pasión imposible, plagada de sufrimientos, alimentada por los obstáculos que impiden su plena realización,[22] se construye en nuestro imaginario como la promesa de una vida más rica y feliz. Es por esta razón que ella le parece a Rougemont el camino de una alienación consentida, de una "obsesión de la imaginación concentrada en una única imagen —y a partir de ahí el mundo desaparece, los demás dejan de estar presentes, ya no existe prójimo ni deberes o lazos que se mantengan, ni tierra ni cielo—" (1998, p. 106).

Esto no significa que el amor que une a la pareja, al menos en lo que respecta a las versiones medievales, sea subversivo.[23] La consideración y el respeto a la autoridad del Rey Marcos y a las costumbres feudales, que ellos desacatan sin nunca desafiarlas abiertamente, se revela en la voluntad que sienten, una vez que la acción del filtro deja de hacer efecto,[24] de retornar a la sociedad y ocupar el lugar que les correspondía: Isolda, como esposa y reina, y Tristán, como sobrino y leal servidor de su Rey y señor feudal. De allí la exclamación de Tristán: "Señor Dios, Rey del mundo, clamo misericordia, y suplico que me de fuerzas para entregar a Isolda al Rey Marcos". De allí también

---

21   Los aspectos paradójicos de la glorificación heroica de los personajes de un amor adúltero incontrolable y enloquecedor son enfatizados por Wisnik, al poner en evidencia el hecho de que, en *Tristán e Isolda*, "los servidores leales al rey (que le avisan de la traición de Isolda) aparecen como pérfidos y envidiosos, mientras la esposa adúltera y blasfema aparece como virtuosa dama, y Tristán, que engaña al rey cínicamente, es visto como un caballero ejemplar" (1993, p. 208).

22   "Sin trabas al amor, no habría novela. Y lo que amamos precisamente es la novela, es decir, la consciencia, la intensidad, las variaciones y las postergaciones de la pasión, su crescendo hasta la catástrofe, y no su llama fugaz. Consideremos nuestra literatura. La felicidad de los amantes solo nos conmueve por la expectativa de la infelicidad que los acecha. [...] Nos conmueven la nostalgia, el recuerdo, y no la presencia" (Rougemont, 1988, p. 42).

23   Ese aspecto es destacado por Singer, al afirmar que "lejos de ser un documento subversivo, la leyenda —en todas sus versiones medievales— casi no cuestiona las bases de la autoridad" (1992a, p. 527).

24   En Béroul, la acción mágica del filtro se limita a tres años, Thomas lo transforma en símbolo de la embriaguez amorosa, y Gottfried ve allí la señal del destino, pero en todas estas versiones, una vez ingerido, "el filtro coloca a sus víctimas en un plano por encima de toda moral, que no podría ser sino divino" (Rougemont, 1988, p. 99).

su anhelo de ser perdonado por el Rey Marcos: "¡Ah buen tío", piensa, "obtener vuestra paz, y por ti, enlazar todavía el yelmo y vestir la cota de malla!" (Bédier, 1947, p. 158). El retorno de Isolda a la corte del Rey Marcos, que la perdona tras la prueba de castidad, no acarrea, sin embargo, la aceptación de Tristán como vasallo y participante de la caballería real. Este es obligado a dejar Cornualles en dirección a otro reino o feudo.

La proyección, por parte de los dos amantes, de la responsabilidad por sus desatinos al filtro mágico es más fuerte en Isolda que en Tristán. En él, la sensación de inocencia no es total. Tristán se siente culpable por haber traicionado la confianza del Rey Marcos y la devoción que debería dedicarle a un tío que lo consideraba como un hijo:

> Buen tío que, huérfano, me amparasteis, antes incluso de reconocer la sangre de vuestra hermana Blancaflor, tú que eternamente llorasteis por mí [...], buen tío, ¿por qué desde el primer instante no despedisteis al niño errante que viniera para traicionaros? ¡Ah! ¿qué pensé yo? Isolda es vuestra esposa y yo vuestro vasallo soy. Isolda es vuestra mujer, y yo vuestro hijo. ¡Isolda es vuestra y no puede ser mía! (Bédier, 1947, p. 79)

La relación triangular edípica, tan claramente explicitada en estas palabras de Tristán, se revela metafóricamente en la escena en la que el Rey Marcos, deparándose con la pareja de amantes durmiendo juntos en el bosque, pero separados por la espada de Tristán, la cambia por la suya, interponiendo así "su presencia entre sus cuerpos" (Kakar; Ross, 1987, p. 142). Aceptando esa lectura psicoanalítica del cambio de espada, me parece lícito preguntar si la fuerza mítica de *Tristán e Isolda*, así como su poder de entusiasmar y cautivar a aquellos que conocen su historia, no estarían relacionados con la conjunción de deseos y de actos incestuosos enmascarados no solo por el hecho de que, en el momento de la consumación de su amor por Tristán, Isolda todavía era novia y no esposa del Rey Marcos, sino también por la inexistencia de alusión alguna que la sitúe, tras su casamiento, en el papel de tía-madrastra de Tristán.[25]

En la interpretación de Irving Singer, la noción de amor vehiculada en *Tristán e Isolda* puede ser considerada como una de las expresiones del deseo de fusión, propio de la tradición idealista que se origina en Platón, se humaniza en el amor cortés y es redefinida por el romanticismo. Tal deseo es lo que los impulsaría a trascender las

---

25 En *Pasión e incesto, post scriptum* incorporado a la segunda edición de *El amor en Occidente*, Rougemont reconoce haber subestimado, en la primera edición, la faceta edípica del amor de Tristán e Isolda.

restricciones morales de la vida cotidiana. En su opinión, el amante idealista "suele perder toda preocupación por sus responsabilidades anteriores. Puede mentir, puede robar, puede matar: no hay nada que un Tristán o una Isolda no sean capaces de hacer para preservar su sentido de unicidad"(1992a, p. 23). Concomitantemente, Singer reconoce que "la leyenda medieval que enfrenta al amor con el honor y el deber feudal es verdaderamente dramática. Muestra al amor glorificado en pugna con elementos de la sociedad que están igualmente idealizados: ningún sistema de valores triunfa" (1992a, p. 529). El sufrimiento de Tristán e Isolda proviene de esa confrontación, que les imposibilita "tener, al mismo tiempo, amor y vida en sociedad" (1992a, p. 530).

El carácter heroico conferido a la pareja que blasfema, miente, defrauda y traiciona en nombre de la pasión que los une no se explica, sin embargo, solo por la alternancia de los principios del amor cortés y de los relativos a la moral cristiana y a los valores feudales, ni por el deseo de fusión propio de la tradición idealista que está en la base del romanticismo. La exaltación, en determinados momentos, de un amor arbitrario e incontrolable, que legitima tales actitudes, aliada a la renuncia posterior a ese amor, justificada por el término de la actuación del filtro mágico, representa, a mi entender, el momento en que se pasa del amor disciplinado, vinculado a una concepción holista del mundo, al amor domesticado, coetáneo a una visión individualista de la vida social. Del primero, son retenidos los valores relacionados a la renuncia, y del segundo es anticipada la noción de que la pasión amorosa, por su propia naturaleza, es enloquecedora,[26] imposible de ser dominada por la fuerza de voluntad de los que están sometidos a ella.[27]

---

26 La asociación del amor a la locura aparece de una forma muy clara en la amonestación hecha por Ogrín, el eremita, con quien ellos dialogan durante su estadía en el bosque. "¡Amigos! ¡Cómo el amor os persigue de desgracia en desgracia! ¿Cuánto tiempo durará vuestra locura? ¡Coraje! ¡Arrepentíos, de una vez por todas!" (Bédier, 1988, p. 75).

27 El código del amor-pasión, elaborado en el transcurso del siglo XVII, ya no recurre a la coartada del filtro para justificar el hecho de que el amor no mira "razón ni derecho". En el *Traité des combats que l'amour a eu contre la raison e la jalouise*, publicado en París, en 1667, la oposición amor-razón ya no se somete a soluciones jerárquicas; ella refleja intereses que se colocan en el mismo nivel. Abordados alegóricamente, a través del diálogo entre el amor y la razón, el amor reivindica sus propias razones. La máxima, que nos es tan familiar, de que "el amor tiene razones más importantes que las de la propia Razón" (apud Luhmann, 1991, p. 127) proviene de ese tratado.

Layla y Majnún: el amor "fuera del mundo" en la visión del mundo islámica.

El modo por el cual se piensa el amor en *Layla y Majnún*, cuya versión clásica es la del poeta persa Nizami, contrasta notoriamente con la manera por la cual es tratado en *Tristán e Isolda*. Proveniente de una leyenda árabe que se remonta al siglo VII,[28] la historia del amor entre Layla y Majnún forma parte del imaginario mítico-amoroso del mundo persa-islámico-árabe. Ella se constituye, de la misma forma que otros amores míticos, en un privilegiado vehículo para analizar "por qué y cómo hombres y mujeres de una determinada cultura aman del modo como aman" (Kakar; Ross, 1987, p. 43).

La narración, transcurrida en los desiertos de Arabia, se inicia cuando el joven Qays, hijo de un jefe beduino, Sayyid, y Layla, su colega de escuela, se sienten mutuamente atraídos. Desde el primer momento en que se vieron, "un fuego comenzó a quemar en ambos —y cada uno reflejaba al otro"—. En su ingenuidad, ni se dan cuenta realmente de lo que les sucedía: "juntos, habían inhalado el aroma de una flor, su nombre desconocido, su magia grande" (Nizami, 1966, p. 17). Bebiendo cada vez más ese amor que les llega involuntariamente, "sus ojos quedaron ciegos y sus oídos sordos para la escuela y para el mundo" (Nizami, 1966, p. 18).

En un primer momento, parece no haber motivo que justifique la prohibición que recae sobre el amor de estos dos jóvenes. Ambos eran solteros y sin impedimentos, al contrario de Isolda, ya comprometida con el Rey Marcos, y de Romeo y Julieta, que pertenecían a dos familias enemigas. La prohibición, no obstante, tiene una razón de ser, proveniente del desafío que ese amor, por su mera existencia, implicaba para el poder de los hombres de controlar la sexualidad de sus hijas, lo cual amenazaba, simultáneamente, el honor de la familia y el de la tribu como un todo.

A fin de evitar el escándalo que la manifestación de su amor por Layla acarrearía, Qays intenta esconder sus sentimientos. No obstante, lejos de Layla, se vuelve un *majnún*, un loco, incapaz de ocultar sus emociones y de continuar desempeñando sus deberes y obligaciones sociales. Como un *majnún*, es decir, como alguien que perdió

---

28   ¿Estaría esa leyenda basada en hechos verídicos? El traductor del texto de Nizami para la edición inglesa, Gelpke, se hace esta pregunta y responde diciendo que la existencia de un joven beduino, Qays, de la tribu de los Banu 'Amir, y de su sufrido amor a Layla, aunque no sea cierta, es muy probable. A su entender, existen buenos motivos para creer que Qays haya vivido "probablemente en la segunda mitad del siglo VII d.C., en algún lugar en la mitad occidental de la península arábiga, cerca de quinientos años antes de 1188 d.C. (584 H), el año en el cual el poeta Nizami escribió el poema" (1966, p. 215).

"no solo a su amada, sino también a sí mismo" (Nizami, 1966, p. 24), pasa a vagar por los desiertos, bazares y tiendas de la península arábiga, cantando y exponiendo su amor y su sufrimiento en poemas extremadamente bellos. Esa actitud de Qays, que hizo que pasara a ser denominado Majnún, fue tomada como una afrenta a su honor y una deshonra para su tribu:

> Sobrepasado por la melancolía, no escucha nada ni a nadie. Nada que agrade o perturbe a un hombre encuentra eco en su corazón. Sus dos o tres compañeros hace tiempo lo abandonaron. De lejos las personas lo señalaban y decían: allí va Majnún, el demente, el loco, que alguna vez fue llamado Qays. Él arroja vergüenza y deshonra sobre sí mismo y sobre su pueblo. (Nizami, 1966, p. 30)

Desesperado y preocupado por su hijo y por la reputación de su familia y de toda la tribu de los Banu 'Amir, de la cual era el jefe, Sayyid creía que, en caso de que Majnún obtuviera a Layla en casamiento, podría "encontrarse a sí mismo nuevamente" (Nizami, 1966, p. 31). Así, decide solicitar a los parientes de Layla el permiso para que los jóvenes se casen, alegando las ventajas de esta alianza para la tribu. El padre de Layla, sin embargo, descripto como un hombre duro y orgulloso, exige que primero Majnún se cure de esa pasión enloquecedora. Solamente entonces el matrimonio y las condiciones en que se realizaría podrían ser discutidos. He aquí lo que le dice a Sayyid:

> Su hijo es un joven soberbio y, a primera vista, podría ser bienvenido en cualquier lugar. ¿Pero no sabemos todos nosotros más que eso? ¿Quién ya no escuchó lo suficiente sobre sus tonterías? ¿Quién no está consciente de su locura? Él está loco, y un hombre loco no puede ser un yerno para nosotros. Por consiguiente, primero usted debe rezar, para que él se cure; después podrá hablar de casamiento nuevamente, pero, hasta entonces, eso está fuera de discusión. (Nizami, 1966, p. 33)

Estos eventos, es decir, la transformación de Qays en un Majnún, en alguien que se deshonra a sí mismo y que deshonra también a su familia debido a su pasión por Layla, así como su dependencia de la mediación del padre para la consecución de sus anhelos amorosos, contrastan fuertemente con el carácter heroico del amante apasionado, propio de las tramas amorosas del amor cortés y de la novela bretona, producidas en la misma época.

La percepción de que el rechazo del padre de Layla era inexorable hizo que los parientes de Majnún le ofrecieran otras mujeres, pero él solo quería una, la que se había vuelto definitivamente inaccesible. Ni siquiera la invocación a su obligación de constituir una familia y suceder al padre después que este muriera lo hicieron retornar a la vida social. El amor de Majnún "escapa al conocimiento de los hombres del mundo, reposando más allá de la fidelidad y de la razón" (Kakar; Ross, 1987, p. 49). La permanencia de Majnún en el desierto, único lugar en el que le era posible vivir de esa manera, refleja la incompatibilidad básica entre esa forma individualista de amar y las admisibles en las sociedades dominadas por valores holistas, los cuales solo pueden ser ignorados, aunque no directamente confrontados, por un individuo "fuera del mundo", en la expresión dumontiana.[29] Solamente así, localizado en otro plano, es que Majnún logra escapar de las imposiciones de una sociedad que se concibe como más poderosa que el amor, por más intenso que este pueda ser.

La aprehensión del amor de Majnún como situado necesariamente fuera del mundo permite señalar algunas distinciones entre este tipo de amor y el vivenciado por Tristán e Isolda que, bajo otro foco analítico, podrían permanecer camufladas por las innegables semejanzas en la intensidad del sentimiento amoroso. Una de estas semejanzas tiene que ver con el hecho de que el amor de Majnún, al contrario del de Tristán por Isolda, no encuentra espacio en el mundo social, en ningún momento. Otra está relacionada con el rechazo de Majnún a desobedecer los dictámenes sociales que impiden la realización de su amor por Layla, mientras Tristán oscila entre la fidelidad al Rey Marcos, la traición, el exilio, el remordimiento, el retorno a la corte, a una fidelidad renovada y a una nueva traición. Salvando estas diferencias, existe todavía otra: la referente al exilio. En el caso de Tristán, que, acompañado de Isolda, abandona la corte y se refugia en el bosque por un determinado período de tiempo, el exilio es el momento de la vivencia temporaria y gloriosa del amor. En cambio, el exilio de Majnún, vivido en permanente soledad, hace que su identidad social se pierda: "Era como si su nombre hubiera sido removido del Libro de la Vida, y él hubiera caído en la nada; como si no estuviera entre los vivos, pero no todavía entre los muertos" (Nizami, 1966, p. 37).

Es como un paria errante, a veces descalzo y desnudo, y no como miembro de una tribu o de una familia, que vaga por los desiertos, cantando los poemas que compone para Layla: "Un paria me volví. Familia y hogar, ¿dónde están? Ningún camino me lleva de vuelta hasta ellos, y ninguno a mi amada. Quebrado está mi nombre, mi reputación, como vidrio arrojado contra una roca" (Nizami, 1966, p. 37).

Solamente así le es dada la posibilidad de expresar y vivir su amor que, en su subversión y descontrol, imposibilita su adecuación a las

---

29 Según Dumont, "si el individualismo debe aparecer en una sociedad del tipo tradicional, holista, será en oposición a la sociedad y como una especie de suplemento en relación a ella, es decir, bajo la forma de individuo-fuera-del-mundo" (1985, p. 38-39).

normas y patrones de vida convencionales. Compelido por su padre a hacerle compañía en sus últimos días de vida, Majnún le responde que eso está más allá de sus fuerzas, ya que se volvió incapaz de vivir nuevamente en el mundo de los hombres: "Me volví un salvaje teniendo como compañía a las fieras. No intente traerme de vuelta al mundo de los hombres. Créame. Soy un extraño para ellos" (Nizami, 1966, p. 126).

Layla también se siente quemar por el fuego del deseo ardiente, pero su amor permanece oculto, contenido, disciplinado. Los poemas que hace para Majnún son lanzados al viento, con la esperanza de que alguien los lleve hasta él:

> ¿No es Majnún una estrella negra? ¿Un errante atormentado por el amor? ¡Pero mis tormentos son mil veces mayores! Es verdad, él también es un blanco para las flechas del dolor, ¡pero él es un hombre, yo soy una mujer! Él es libre y puede escapar. No necesita estar amedrentado, puede ir a donde quiera, hablar, llorar y expresar los sentimientos más profundos en sus poemas. ¿Pero yo? Yo soy una prisionera. No tengo a nadie con quien pueda hablar, nadie a quien le pueda abrir mi corazón: vergüenza y deshonor serían mi destino. La dulzura se transforma en veneno en mi boca. ¿Quién conoce mi sufrimiento secreto? (Nizami, 1966, p. 154)

Las canciones compuestas por los dos, que se vuelven conocidas en toda Arabia, expresan la búsqueda de "una libertad erótica individual que choca con la moral tradicional islámica, la cual decreta que la lealtad a las normas de la familia y de la tribu es lo que realmente hace que la vida valga la pena ser vivida" (Kakar; Ross, 1987, p. 58). El ansia de Layla por una libertad erótico-amorosa, sin embargo, no la lleva a rebelarse contra las órdenes de su padre y de sus familiares. Las acepta, aunque no pasivamente. Obligada a casarse con Ibn Salaam, consiente, pero se niega a consumar el casamiento. Los tormentos provenientes de su desdicha los expresa de una forma punzante:

> Me estoy quemando día y noche entre dos fuegos. Ahora el amor clama en mi corazón: "¡Levántese! ¡Huya como una perdiz de ese padre cuervo, de ese marido buitre!" Ahora la razón me amonesta: "¡Prevéngase de la desgracia! ¡Recuerde, una perdiz no es un halcón! ¡Sométase y soporte su sufrimiento!". (Nizami, 1966, p. 155)

La pasión de los dos enamorados está destinada a no consumarse jamás. Permanece casta, incluso cuando, después de varios años de separación, logran encontrarse. En ese momento, los obstáculos que les impiden unirse son creados por ellos mismos. Cuando Layla está a solo diez pasos de Majnún, siente que él está rodeado por un círculo mágico que no debería ser quebrado por su presencia. Ella, entonces, se detiene y le pide que cante uno de sus poemas. Tras haber cantado algunas estrofas, Majnún calla y huye hacia el desierto: "Aunque embriagado con el aroma del vino, él sabía que podría probarlo solo en el paraíso" (Nizami, 1966, p. 189).

Ni la muerte del marido de Layla propició el reencuentro entre los dos. Durante el período de luto, en el cual debería permanecer recluida por dos años, "ella se siente libre y sin miedo, para dar su corazón y su alma a su amado" (Nizami, 1966, p. 200). Layla pierde sus fuerzas y, con el "alma preparada para abandonar el cuerpo" (p. 203), desfallece y muere, clamando por Majnún. Sabiendo de la muerte de Layla, Majnún se dirige hasta su tumba, la abraza y, pidiéndole a Dios que lo libere de su cruel existencia, murmura "tú, mi amor" (p. 211), para inmediatamente encontrar la muerte juntamente con ella.

En los eventos que rodean la historia del amor entre Layla y Majnún, no hay villanos ni traidores. Todos los protagonistas son colocados en una serie de situaciones en las que no existe una separación maniqueísta entre buenos y malos. El padre de Layla, que impide y prohíbe la libre expresión de su amor por Majnún, y el marido con quien ella fue obligada a casarse no aparecen como egoístas o impiadosos, sino como genuinamente interesados en su bienestar. No hay tampoco un tenor trágico, que presuponga la existencia de valores conflictivos oponiéndose el uno al otro de forma dramática. Contrariamente a Tristán e Isolda, que unas veces colocan los ideales del amor por encima de los valores sociales, otras lo inverso, la aceptación por parte de Layla y Majnún de los valores tribales como incuestionables atraviesa toda la narración de Nizami. Esta ausencia de lo trágico es destacada por R. Gelpke, a través de una analogía con el amor de los trovadores:

> Sería erróneo considerar el destino de Majnún y Layla como *trágico* en el sentido occidental de término. Que no podría haber ninguna realización del amor de ellos en la tierra es una conclusión previsible del misticismo de Nizami. Su Layla establece claramente que, en la religión del amor, una intimidad cercana es peligrosa. Esta concepción es similar a la que en Europa impelió a los Trovadores —aunque solo por poco tiempo, mientras que en Persia esa antigua tradición dejó su marca en la literatura clásica e, incluso hoy, no está muerta, sino que continúa viviendo como una chispa bajo la fogata—. (Gelpke, 1966, p. 219)

A la analogía hecha por Gelpke, entre la concepción del amor expresada en *Layla y Majnún* y la de los trovadores se suman, también, ciertas diferencias que no deben ser subestimadas. Una de ellas se refiere al carácter heroico y al lenguaje guerrero inherente al amor cortés. La propia figura física de Majnún —la de un joven adolescente de larga cabellera, descalzo, vestido apenas con un taparrabos, dotado de un aire suave, dulce, feminizado—, tal como se halla representada en el libro de Nizami que se encuentra en la Biblioteca Nacional de París, está muy distante de la imagen de un héroe viril que declara su amor, expresa su deseo de conquista y que no retrocede ante las dificultades que se le puedan interponer. La otra diferencia se refiere al *locus* en el que la manifestación del amor es permitida. Mientras que el trovador es, para usar una expresión dumontiana ya referida, un "hombre en el mundo", el amor de Majnún solo puede ser pensado por estar situado fuera del mundo.

Analizada a la luz de las ideas propagadas por el sufismo —secta religiosa islámica de enorme influencia en la época—, según las cuales el amor terrenal sería solo una preparación "para la culminación celestial donde todas las separaciones serán destruidas", el amor de Majnún por Layla aparece como "la parábola central de la experiencia religiosa del sufismo" y Majnún como su "portavoz" (Kakar; Ross, 1987, p. 53). Desde una óptica psicoanalítica, el amor proclamado por Majnún se asemeja al lamento de un niño que se ve privado de la atención y del cariño maternos. Bajo este enfoque, expresaría una experiencia traumática, vivenciada por los niños de la sociedad islámica de Oriente Medio, que los impele a pasar de forma abrupta del mundo femenino, en el cual viven hasta los siete años y donde son objeto de una atención materna constante y benevolente, al mundo masculino, que demanda el repudio a esa fuente primigenia de seguridad y bienestar.[30] En esas circunstancias, el padre aparece no como rival del hijo, que impide su acceso a la madre por quererla solo para sí, sino como un inductor de su entrada al mundo de los hombres adultos, esto es, no como "un castrador o inhibidor, sino como un iniciador" (Kakar; Ross, 1987, p. 70). En el diálogo entre Majnún y su padre, este resalta los valores vinculados a la identidad masculina y las ventajas de adquirirla:

> ¡Basta! Aprenda a aceptar este mundo como es. Pare de vivir en el salvajismo, como un animal entre los animales. [...] Una mujer viste solo lo que ella tejió; un hombre cosecha solo lo que plantó. Si quiere alcanzar renombre algún día, comience hoy. ¿Toda tristeza no tiene fin? Usted es humano, ¡entonces viva como un hombre! (Nizami, 1966, p. 123-124)

---

30 "Traducido al lenguaje cultural del discurso madre-hijo, es como si el hijo inconscientemente censurara su separación de la madre y su (conscientemente anhelada) entrada en el mundo de los hombres, fundamentada en su masculinidad y específicamente en su expresión primitiva —el deseo fálico—" (Kakar; Ross, 1987, p. 69).

Existe también otra faceta en la historia de Layla y Majnún, relacionada con los anhelos, miedos y temores que permean las relaciones entre hombres y mujeres en el mundo islámico y, probablemente, en otras sociedades caracterizadas por un patriarcalismo extremadamente fuerte. En estas sociedades, no es extraño que haya "por detrás de un claro consenso social sobre la dominación masculina y sobre la libertad del hombre en satisfacer su lujuria, cuando y donde quiera que lo desee, una realidad psíquica igualmente potente, la del miedo del hombre en relación al poder amenazador de la mujer" (Kakar; Ross, 1987, p. 53-54). Fantasías sobre mujeres traidoras, dominadas por deseos sexuales insaciables,[31] modelan las figuras femeninas en la mayoría de las historias y cuentos de amor en Irán y en el mundo árabe. Tales fantasías se manifiestan en *Layla y Majnún* a través de un personaje que intenta persuadir a Majnún de olvidar su amor por Layla, advirtiéndole de la necesidad de desconfiar de todas las mujeres: "Ellas están llenas de pasión, mucho más que nosotros, pero se dedican solo a sus propios intereses egoístas. ¡Las mujeres son tramposas! Nunca crea en una mujer" (Nizami, 1966, p. 115-116).

Krishna y Radha: el amor-divino en la India hindú

La literatura india sobre el amor tiene una tradición mucho más extensa que las mencionadas anteriormente. En el período clásico, que corresponde a los seis primeros siglos de la Era Cristiana, los poetas raramente lo tratan como algo etéreo o como la expresión de un estado del espíritu a ser analizado, descripto, escrutado. El objetivo es capturar, a través de una acumulación de detalles sensuales, el placer estético y erótico de un particular instante de pasión. De un modo general, el amor "es equiparado a una sensación definida o un sentimiento en su manifestación corporal concreta", y lo que se enfatiza es "un estado de voluptuosidad despersonalizado que deleita a los sentidos, pero no toca el corazón" (Kakar; Ross, 1987, p. 84-85). Los amantes no son dotados de características físicas y psicológicas singulares que los tornan únicos e insustituibles. El impulso que los dirige no es exclusivista, monogámico. A pesar de que cada uno es, para el otro, "una fuente de excitación y placer, estimulando los sentidos y el cuerpo con su imagen y aura", su pasado, futuro o vida interior no son tematizados. Las mujeres, tan ardientes cuanto los

---

31   En *Las mil y una noches*, la reacción del Rey Schahriar al descubrir que su mujer lo había traicionado, revela esa imagen negativa en relación a la sexualidad femenina que, en su voracidad, amenaza la moral y el orden social por el adulterio, en el caso de mujeres casadas, o por la pérdida de la virginidad, en el caso de las solteras.

hombres, no imponen a estos una resistencia que necesita ser vencida. En ese contexto, la masculinidad "no se equipara con la seducción y la conquista" (Kakar; Ross, 1987, p. 84-85).

Debido a tales características, esta literatura lírico-amorosa no cautiva fácilmente a los lectores más modernos, "cuya sensibilidad fue moldeada por el romanticismo y el idealismo" (Kakar; Ross, 1987, p. 85). Formados en otra concepción del amor, estos sienten dificultad para identificarse con personajes estereotipados, descriptos de una forma despersonalizada, que operan como "fetiches, pistas culturalmente aprobadas para que el individuo se deje entregar a la excitación erótica" (Kakar; Ross, 1987, p. 85).

A partir del siglo VI —coincidentemente, el mismo al que se le atribuye la aparición de la leyenda de *Tristán e Isolda* entre los celtas de la Bretaña, y de la leyenda de Layla y Majnún entre los beduinos de Arabia— los protagonistas de los poemas y cuentos de amor hindú se van tornando más individualizados. Este nuevo modo de enfocar el amor está íntimamente relacionado al *bhakti* —práctica religiosa que contrapone al hinduismo tradicional, abstracto, neutro e impersonal, la autoentrega apasionada y la devoción fervorosa a un Dios personal, íntimo—. La influencia de esta forma de culto "cuyo principal estado de ánimo siempre fue erótico" (Kakar; Ross, 1987, p. 87), en la cultura y en la sensibilidad hindú, ha sido de tal monta que sus reverberaciones exceden ampliamente el ámbito exclusivo de sus adeptos. Esto porque "el *bhakti* satisface el deseo de las masas por una religión emocional, dándole un Dios con quien una comunión íntima y cálida podría ser establecida, así como sucede entre un ser humano y otro" (Roy, 1975, p. 4).

La historia de Krishna y Radha fue uno de los productos del *bhakti*. La versión poética, elaborada en el siglo XII, el *Gita Govinda* de Jayadeva,[32] habría sido producida, se cree, con la ayuda del propio Krishna. Su historia está constituida por una sucesión de episodios que buscan crear "un estado de deleite apasionado" (Jayadeva, 1947, p. 98). En la interpretación de Kakar y Ross, "la historia, que apunta a fijar la esencia del ardor juvenil, tiene un paisaje más amoroso que geográfico; su escenario no es social ni histórico, sino sensual" (1987, p. 77).

---

32   De acuerdo con George Keyet, traductor para el inglés de la referida edición del *Gita Govinda*, Jayadeva, nacido en Kenduli, Bengala, fue uno de los poetas de la corte de Lakshmanasena, el último rey hindú de Bengala. Los bengalíes lo veneran hasta el día de hoy.

En la serie de episodios en que se subdivide la narración, Krishna,[33] en la forma de un joven pastor tocador de flauta,[34] aparece como un bello e inconstante seductor. Amado apasionadamente por las *gopis* (pastoras), él brinda atención unas veces a una, otras veces a otra, indiferentemente, sin centrarse en ninguna. No obstante, a partir de cierto momento, una de las pastoras, Radha, comienza a ser amada por encima de todas las otras, convirtiéndose en la amante favorita de Krishna. Por ser solo favorita, pero no exclusiva, Radha, celosa, abandona a Krishna. Escondida y sufriendo por estar lejos de él, recuerda, ante una amiga, los placenteros momentos de la pasión que los unió, y expresa su anhelo de vivirlos nuevamente:

> ¡Oh! Hazlo tener placer conmigo, amiga mía, aquel altivo destructor de Keshi, aquel Krishna tan inconstante,
> A mí, cuyos mechones eran como flores sueltas, cuyas palabras amorosas
> Eran tan suaves cuanto las palabras de las palomas y de los pájaros, aquel Krishna cuyo pecho está marcado
> De arañazos y que sobrepasa en su amor todo lo que el arte amoroso podría enseñar.
> ¡Oh! Hazlo tener placer conmigo, amiga mía, aquel altivo destructor de Keshi, aquel Krishna tan inconstante,
> Cuyo acto de deseo hizo los brazaletes que ornamentaban mis pies tintinear
> Con un sonido palpitante, que me daba sus besos agarrando mis cabellos
> Y para quien en su amor apasionado mi cintura vibraba con elocuente dulzura.
> ¡Oh! Hazlo tener placer conmigo, amiga mía, aquel altivo destructor de Keshi, aquel Krishna tan inconstante,
> Cuyos ojos de loto se cerraron un poco, y que somnoliento quedó,
> Habiendo experimentado en el placer del cuerpo conmigo el estremecimiento final,
> Conmigo, cuyo cuerpo semejante a una parra se desmoronó, incapaz de soportar más.
> (Jayadeva, 1947, p. 30)

Privado de la presencia de Radha, Krishna se siente desesperado. Reconociendo estar enamorado de ella y solo de ella, se arrepiente de sus infidelidades y se lamenta haberla herido:

---

33 Krishna es una de las encarnaciones, *avatar*, de Vishnu. En el *Gita Govinda*, es llamado por varios otros nombres, tales como Vasudeva, Govinda, Hari, Keshava, Madhava, hijo de Nanda y de Devaki, enemigo de Kansa, Madhu, Keshi, etc.

34 En el *Bhagavad Gita*, Krishna toma la forma de un *kshatriya*.

> Radha profundamente ofendida, trastornada al verme rodeado
> de mujeres,
> Me abandonó, y yo, sintiéndome culpable, no hice ningún inten-
> to de retenerla.
> Vean, ella partió con rabia, destruido su amor.
> (Jayadeva, 1947, p. 35)

Radha aparece, así, como alguien muy especial, deseada en su singularidad, y Krishna como "el amante romántico, impelido en dirección a una amante única, insustituible", a quien promete serle fiel
(Kakar; Ross, 1987, p. 78):

> Si me perdona ahora, jamás la descuidaré otra vez,
> ¡Oh! hermosa, déme nuevamente su placer, pues quemo de deseo!
> (Jayadeva, 1947, p. 36)

Entonces Krishna, "que estaba enloquecido de vehemente deseo"
(Jayadeva, 1947, p. 57), ordena a una amiga que parta en busca de
Radha. Al tomar conocimiento del mensaje de Krishna, Radha acepta
volver a verlo. No obstante, Krishna no llega a tiempo hasta el lugar
combinado. Radha, que lo aguarda vestida y ataviada para el amor,
imaginándolo con otra, lo repele cuando finalmente llega:

> ¿A mí que lo seguí con devoción cómo puede engañarme, tan
> torturada por la fiebre del amor como estoy?
> ¡Ah! ¡Vete Madhava! ¡Vete Keshava! No insistas en pronunciar
> falsas palabras.
> (Jayadeva, 1947, p. 72)

Al atardecer, advertida por la amiga, que le aconseja poner fin a su
orgullo, la rabia de Radha se suaviza. Entonces, Krishna se dirige a
ella diciendo:

> Usted es mi vida, Usted es mi ornamento, usted es la joya, la pie-
> dra preciosa, en la profundidad del océano de todo mi ser,
> ¡Sea generosa conmigo, y así continúe siendo, y mi corazón se
> empeñará siempre en merecerla!
> Oh amada, Oh hermosa, abandone el orgullo infundado contra mí.
> ¡Mi corazón arde en el fuego del deseo; déme la dulce bebida de
> su rostro de loto!.
> (Jayadeva, 1947, p. 81)

Esta transformación "de la sensación de deseo en adoración amorosa le da al *Gita Govinda* su singular impacto" (Kakar; Ross, 1987,
p. 79). Estando saciados por el amor, tras la reconciliación, "Radha,
cuyo amante yace postrado en su poder, exhausto por el placer del
amor" (Jayadeva, 1947, p. 100), le pide a Krishna que la ayude a vestirse y ataviarse. Él, cariñosamente, consiente:

Ella dijo para alegría de su corazón, para delicia de los Yadus,
Oh dador de placer, sobre mis trenzas, deshechas por el deseo, coloque flores,
¡Que mi cabello, bello como las plumas del pavo real, sobresalga sujeto solo por las cintas del Amor!
Ella dijo para alegría de su corazón, para delicia de los Yadus,
Oh maravillosa alma, coloque en mi cintura la guirnalda, las ropas, y las joyas.
¡Cubra mis bellas caderas, deliciosas y firmes, la caverna del Amor a ser temida!
Moldee mis senos, pinte mi rostro y coloque alrededor de mis caderas una guirnalda,
Trence mis cabellos como una linda guirnalda y ponga muchos brazaletes en mis manos y joyas en mis pies.
Y así él que se vestía todo de amarillo hizo lo que ella le pedía.
(Jayadeva, 1947, p. 101-102)

En versiones posteriores, tales como las de Vidyapati, Chandidas y Gobindadas, famosos poetas bengalíes del siglo XV, Radha aparece como una mujer casada, y su amor por Krishna como un amor adúltero (*apud* Roy, 1975, p. 39). Esta diferencia entre la versión de Jayadeva y las posteriores no es, sin embargo, de gran relevancia. Primero, porque, en ambas, lo que une a Radha con Krishna continúa siendo un lazo extraconyugal. Después, porque, también en ambas, los placeres erótico-amorosos y los sufrimientos derivados de la separación de los dos amantes constituyen el tema central de toda la narración. Como personificación del *mahabhava* (de la intensificación de los placeres erótico-amorosos),[35] que no se atiene a la corrección social y no está limitado por convenciones, Radha no es ningún modelo de virtudes femeninas. Esto no significa que pertenezca al panteón de las diosas-madres, malas y destructivas, como Kali.

El hecho de que Radha sea necesariamente la amante y no la esposa de Krishna se debe a la dificultad, en la cultura hindú, de expresar la unicidad de la realidad divina, a través de la relación conyugal: "Sri Krishna y Sri Radha son amantes, no esposos. En esa osada imagen sagrada el mito nos advierte sobre la unicidad de la realidad divina. ¡La consciencia divina y su *shakti* son uno como los amantes, no dos como los esposos!" (Ramchandra Gandhi, 1982, p. 221).

Este mismo hecho es interpretado por Madeleine Biardeau desde otro ángulo: el de la imposibilidad de que la relación esposa-esposo, tan cargada de consideraciones al mérito, a la casta, o al *status* fami-

---

35   "El aumento de la pasión o, más específicamente, la intensificación de la excitación sexual, es entonces el gran sentimiento, el *mahabhava*, que atraviesa la leyenda de Radha-Krishna" (Kakar; Ross, 1987, p. 88).

liar, exprese la relación entre las almas de los devotos y la divinidad, Krishna, con la cual estas aspiran a fundirse, de modo de obtener la salvación y la consecuente liberación:

> El alma tiene una relación inmediata con Dios, una relación que no está mediada por el *dharma*, por el cumplimiento de los ritos. Ella se coloca ante él despojada tanto del ornamento como del mérito, sin la casta o la familia, reducida a su yo íntimo. Una esposa legítima no podría simbolizar esa alma, siempre que ella, de modo contrario, debe colocar entre ella misma y su marido la cadena del *dharma*, los preceptos y las exigencias sociales. Más allá de esto, el marido tiene un sentimiento de propiedad —de "mío" (*mama*)— en relación a su esposa, un sentimiento que favorece más el desarrollo del *ahamkara*[36] que su trascendencia. (1989, p. 146-147)

Mircea Eliade también considera la relación entre amantes como la más adecuada "para resaltar el absoluto instaurado por la experiencia mística y la desolidarización total de la sociedad y de sus valores morales" (1983, p. 125).[37] A diferencia de la *unio mystica* de la tradición cristiana, representada por el casamiento del alma con Cristo, la búsqueda de la fusión del alma con la divinidad simbolizada en el *Gita Govinda* expresa "una relación incondicional (no sometida a normas) con dios como el amante" (Kakar; Ross, 1987, p. 94). En esa búsqueda, la transformación de dos en uno a través del acto sexual es el símbolo perfecto de la liberación del alma individual y de su disolución en la divinidad.

Situado en la esfera de lo divino, el amor entre Krishna y Radha es denominado *preman* y no *kama*.[38] Conforme observa Madeleine Biardeau, esto sucede "a fin de distinguirlo con más claridad del amor humano que él parece imitar" (1989, p. 147). Tal distinción no demanda, sin embargo, una espiritualización del amor. Como fue visto anteriormente, la inefable alegría y el éxtasis de la unión final entre el alma humana, simbolizada por Radha, y el alma universal, Krishna, así como los dolores de la separación, son expresados en términos de un amor carnal, de un amor en el cual las manifestaciones corporales del deseo son claramente descriptas. El aspecto

---

36   El ego empírico.

37   Es por estar libre de las consideraciones jerárquicas, inherentes a la relación conyugal tal como esta es concebida por los hindúes, que Radha puede, por ejemplo, "dirigirse a Krishna como "*tu chora*" (¡tú, ladrón!), lo cual sería impensable para una esposa, que es obligada a usar la forma de referencia de la segunda persona, más respetuosa, al hablar con el marido" (Kakar; Ross, 1987, p. 96). El pronombre personal indicado para el trato formal es *aap*, equivalente en español a "usted" [N. del T.].

38   *Kama* es el término indio utilizado para designar el amor-deseo-placer terrenal.

físico del amor en el *Gita Govinda* no es, sin embargo, algo separado de lo espiritual. Muy por el contrario, en él, "el lado físico posee todas las cualidades genuinas y duraderas de lo espiritual" (Keyt, 1947, p. 9). En su fruición, nada es trivial: "la emoción más fugaz, así como cualquier pequeño gesto o sensación física, es importante en el amor; la relación y la asociación de los alrededores —árboles, flores, pájaros— y la hora, la estación adecuada, los atavíos corporales y el uso de ungüento y perfumes" (Keyt, 1947, p. 9).

Por todo esto se comprende que Jayadeva, venerado como un gran poeta y también como un santo, no haga distinción entre la experiencia religiosa y la erótico-amorosa. Al invitar a los devotos de Krishna a oírlo, dice:

> Si en recordar a Hari hay un sabor
> Y si hay interés en el arte del amor,
> Entonces ese collar de palabras
> —dulces, tiernas, luminosas—
> Las palabras de Jayadeva, ¡escuche!
> (Jayadeva, 1947, p. 13)

La concepción de que el placer que se obtiene al escuchar el *Gita Govinda* es, simultáneamente, estético, erótico y místico, implícita en la invitación de Jayadeva, se expresa en un único término sánscrito, *rasa*, que significa "gusto, goce, y por consiguiente, emoción placentera, estética, erótica o mística, o todas las tres al mismo tiempo" (Biardeau, 1989, p. 185). Esta indistinción entre la experiencia religiosa y la erótico-amorosa sucede también en las posteriores versiones más populares y menos sofisticadas del *Gita Govinda*. Vidyapati y Chandidas, por ejemplo, retratan "la primera impresión estremecida del amor, la fuerza irresistible de su influencia, el amargo sufrimiento de la separación y de los celos, el funcionamiento de la esperanza y los efectos de la desesperación" (Roy, 1975, p. 39). Las personas que los leen y escuchan se identifican con Radha y Krishna más por el placer vicario derivado de la narración que por causa de puros sentimientos religiosos.

Para captar con mayor claridad la especificidad del amor de Krishna y Radha, es necesario compararlo a lo expresado en el *Cantar de los cantares*, principalmente porque existen innegables semejanzas entre los dos textos. Estas similitudes han sido interpretadas por algunos estudiosos y exégetas judíos y cristianos como derivadas de la influencia ejercida por la literatura erótico-religiosa india sobre la civilización hebraica. Esta hipótesis se torna plausible cuando se toma en consideración, según los últimos descubrimientos arqueológicos, la existencia de intensas relaciones comerciales con la India, en la época del Rey Salomón. De acuerdo con uno de estos intérpretes, Chaim Rabin, "esta influencia india se manifestaría en el texto del *Cantar* en el hecho de que el sujeto principal de la enunciación es la mujer, en que se celebra a menudo la renovación de la naturaleza y, para terminar, en que la nota dominante del sentimiento amoroso, más allá de una cierta agresividad del macho, es la languidez de la amante, coloración particularmente familiar, según el autor, en la poesía tamil" (*apud* Kristeva, 1987, p. 73).

No obstante, tales paralelismos no nos deben hacer olvidar que el amor del Rey Salomón por Sulamita, a diferencia del de Krishna por Radha, es un amor profano, expresado por un personaje que forma parte de la historia del pueblo judío. El hecho de que ese amor profano pueda ser interpretado como una expresión alegórica del amor de Jehová por el pueblo elegido no lo convierte en un amor divino en el mismo sentido que el de Krishna y Radha, visto que este último "no es una alegoría para la pasión religiosa, sino la propia pasión religiosa" (Kakar; Ross, 1987, p. 88). Distinto también es el tratamiento dado a la fusión carnal, explícitamente abordada en uno, e innombrable en el otro.

Al lado de estas diferencias, existen todavía otras que deben ser tomadas en consideración. En el *Cantar*, el amor no es ilícito, sino "conyugal, exclusivo, sensual, celoso" (Kristeva, 1987, p. 83). Fue en él que, por primera vez y de una forma literaria aún inédita, la "esposa, por primera vez en el mundo toma la palabra ante su rey, esposo o Dios; para someterse a él, de acuerdo. Pero como amada, enamorada. Es ella la que habla y se iguala, en su amor legal, nombrado, no culpable, a la soberanía del otro" (Kristeva, 1987, p. 85). Además, "la enunciación del *Cantar* está muy específicamente individualizada, asumida por sujetos autónomos y libres que, como tales, aparecen por primera vez en la literatura amorosa mundial" (Kristeva, 1987, p. 73).

Por ser extramundano y divino, el amor de Krishna y Radha escapa a las nociones de amor domesticado y disciplinado utilizadas en el análisis de los amores de Tristán e Isolda y de Layla y Majnún. En la esfera de lo divino, en la que las convenciones del mundo cotidiano están suspendidas, la atracción erótica intensa, inherente a la pasión amorosa, se realiza en su plenitud perdiendo así su potencial destructivo, que necesita ser disciplinado o domesticado, a fin de ajustarse al mundo de la vida cotidiana y servir a sus intereses.

Como pura expresión de una pasión amorosa en la cual el cuerpo, el alma, el deseo sexual y las afinidades espirituales no se disocian, en la que los celos, las separaciones y las desolaciones sirven solo para la intensificación del placer producido por la unión,[39] más

---

39   Más que unir, religar, término etimológicamente semejante al de religión.

gloriosamente vivenciada debido a la ansiedad con la que es deseada, el *Gita Govinda* produce en el lector un sentido de paz, y no de tormenta y angustia. Pretendiendo crear un estado de apasionado deleite y encanto; no es trágico, sino tierno y alegre: "Es otra evocación y elaboración del aquí y ahora de la pasión, un intento de capturar los momentos excitantes y transitorios de los sentidos y las sorprendentes maneras por las cuales los placeres y los sufrimientos son vivenciados, antes que el recuerdo retrospectivo, que intenta recuperar el control perdido sobre la vida emocional, expulse las inevitables confusiones del amor" (Kakar; Ross, 1987, p. 76-77).

A ese amor divino, *preman* que presupone el "éxtasis, el estado sin ego, la beatífica bienaventuranza de aquel que realizó la identidad trascendente" (Zimmer, 1991, p. 396), se opone el amor-deseo-placer terrenal, *kama*, ligado al ego (*aham*). A ese amor terreno, que permea las relaciones entre hombres y mujeres concretamente determinados, en su vida cotidiana, es que se aplica la noción de disciplina.

La comprensión del *kama* y de la *disciplina* a la que él se somete depende, no obstante, de otras dos nociones, las de *dharma* y *artha*. En efecto, cuando se trabaja con el material indio referente a las relaciones de género mediadas por el casamiento y por la sexualidad, las categorías que surgen no son las del amor (romántico) y del poder (represión), sino las del amor-deseo-placer (*kama*), deber-moralidad (*dharma*) y propiedad (*artha*). El *kama*, el *artha* y el *dharma* —omnipresentes no solo en las consideraciones relativas a la vida familiar y sexual, sino en cualquier otra concerniente a los fines anhelados por los seres humanos en su vida cotidiana— suelen ser denominados por un único término, *trivarga*. La comprensión del *trivarga* depende, a su vez, de la comprensión del *moksa*, que se refiere al fin más alto al que se puede aspirar: la liberación de las cadenas que nos atan a este mundo. Esos fines u objetivos de la vida humana —*kama, artha, dharma,* y *moksa*— son denominados conjuntamente, *purusarthas*.

La necesidad de analizar el *kama*, no sustancialmente, como si su significado estuviera contenido en él mismo, sino a través de su interacción jerárquica con los otros componentes del *purusarthas*, deriva del propio material investigado.[40] De la misma manera, las constantes referencias hechas a los términos sánscritos *kama, artha, moksa, dharma, purusarthas, aham, shakti,* y *rasa* proviene

---

40   La necesidad de que el antropólogo siga lo que la sociedad que eligió estudiar le impone es ilustrada por Evans-Pritchard de un modo ejemplar, al relatar sus experiencias entre los Azande y los Nuer: "No tenía interés por la brujería cuando fui a la tierra Zande, pero los Azande sí; de modo que tuve que dejarme guiar por ellos. No me interesaban especialmente las vacas cuando fui a los Nuer, pero a los Nuer les interesaban, entonces poco a poco tuve que interesarme por el ganado" (1978, p. 301).

de la imposibilidad de traducir, por medio de una sola palabra, las acepciones y asociaciones que estos términos evocan.[41] Por medio de estas referencias, se busca, por un lado, evitar errores de interpretación y, por otro, tornar más fácil para el lector la comprensión de categorías de pensamiento construidas a partir de una visión del mundo distinta de aquella a la que está habituado.

En efecto, solamente cuando se examinan "todas las acepciones de un término sánscrito cualquiera, se puede observar el pensamiento indio en funcionamiento, como si fuera visto por dentro" (Zimmer, 1991, p. 40). Consecuentemente, a fin de analizar el amor, ya no divino o extramundano, como el de Krishna y Radha, sino entre hombres y mujeres que ocupan posiciones sociales y desempeñan roles previamente prescriptos, será necesario dar cuenta, inicialmente, de las múltiples significaciones del término *kama*.

---

41 La traducción de términos tan complejos y ricos no nos permitiría comprender el pensamiento indio en su totalidad. Para obtener esa comprensión, es necesario "hacer penetrar la comparación hasta en las propias categorías de referencia" (Dumont, 1989, p. 17). Si no se toma esa precaución, se puede incurrir en un error análogo al de aquellos que, al analizar una obra de arte griega, tomaran como referencia los cánones del arte azteca. Algunas polémicas relativas a la teoría del parentesco de Lévi-Strauss, recogidas por antropólogos ingleses, provinieron, en ciertos casos, de una percepción insuficiente del doble sentido dado al término francés, *femme*, que designa simultáneamente a la mujer (*woman*) y a la esposa (*wife*), y del doble sentido del término *parent* que designa el parentesco por filiación (*kins*) y por afinidad (*affines*).

EL AMOR DISCIPLINADO EN EL CONTEXTO INDIO

Cada cultura humana es tal vez una especie de espejo mágico para las otras. Algunas veces parece ser una superficie común de vidrio revestido de plata que refleja fielmente los contornos, planos y detalles de nuestros propios rostros familiares. Otras veces, devuelve oscuras y amenazadoras caras, fuertes sugestiones de nuestro propio yo renegado que pensábamos que ya no existía.

Kakar (1990, p. 8).

LA INTEGRACIÓN ENTRE LO CORPORAL Y LO ESPIRITUAL EN LA EXPRESIÓN DEL AMOR DISCIPLINADO

La noción de *kama* expresa una forma de pensar el amor en la cual los aspectos corporales y espirituales están intrínsecamente relacionados.[1] Abarcando simultáneamente el placer y el amor, el *kama* se refiere no solo a los placeres sexuales, sino también a los provenientes de los cinco sentidos. En su amplia acepción, designa los objetos del deseo e "incluso la propia facultad de desear" (Malamoud, 1982, p. 45). Estas connotaciones sensuales del *kama* hacen que sea traducido más frecuentemente como placer que como amor.[2] Su expresión fuertemente corporal y sensual no significa que esté vinculado a la naturaleza animal del ser humano: "el énfasis en el amor físico es, en

---

1   En este modo de pensar no existe una separación entre los sentimientos amorosos que nos impulsan en dirección al ser amado, y la atracción sexual, que le es subyacente.

2   Madan traduce *kama* unas veces por "placer" otras veces por "apetitos corporales" (1982, p. 229, 236); Madeleine Biardeau, por "deseo amoroso y placer" (1989, p. 41); Malamoud por "placer sensual, más precisamente placer sexual", "atracción sexual", "amor físico" (1982, p. 45, 51, 66); Zimmer opta por "deseo, apetito, satisfacción carnal, concupiscencia, amor y placer sensual" (1991, p. 111); Inden lo traduce como "placer personal" (1982, p. 100); y Dumont por "goce inmediato" (1966, p. 331).

realidad, la forma india de humanización de la sexualidad" (Biardeau, 1989, p. 52), es un medio para acercarla al reino de la cultura y de la tradición brahmánica.

Por esta razón , el *Kama-sutra*[3] —que, en otros contextos culturales, puede ser calificado de pornográfico y obsceno por describir minuciosamente las diferentes prácticas sexuales y los medios a ser empleados para obtener el máximo de goce posible— ha sido considerado entre los indios, desde que fue escrito hace casi dos mil años, tan legítimo y necesario cuanto los tratados (*shastras*) relativos al *artha* y al *dharma*.[4] Vatsyayana, su autor, es reverenciado por toda la India como el Gran Vidente (Vatsyayana Maharshi).[5]

De acuerdo con el *Kama-sutra*, "*kama* es el goce de los objetos adecuados por medio de los cinco sentidos —audición, tacto, visión, paladar y olfato— con la ayuda de la mente y el alma. Su esencia es el contacto peculiar del órgano sensorio con su objeto, siendo la consciencia del placer resultante de ese contacto llamada *kama*" (Vatsyayana, 1993, p. 70). Esta definición, aceptada y adoptada en otros textos clásicos de la literatura india,[6] permanece válida hasta los actuales días.

Así concebida, la sexualidad humana es considerada más libre y, al mismo tiempo, menos libre que la de los animales. Más libre, por un lado, porque, a diferencia de los animales, los seres humanos son capaces de unirse sexualmente no solo durante la temporada de apareamiento, sino en cualquier época, y, por otro lado, porque solamente ellos son aptos para refinar y para intensificar los placeres

---

3   El *Kama-sutra* fue traducido al inglés por Burton y Arbuthonot en 1883, Fundadores de la Sociedad Kamashastra, cuyo objetivo era difundir la literatura hindú sobre el *kama* en la Londres victoriana de fines del siglo XIX, tuvieron que enfrentar una serie de problemas al realizar la traducción. La moralidad de la época los obligó a verter ciertos pasajes al latín y a utilizar el término "boca" en lugar de *iôni*. Aun así, algunas de sus publicaciones fueron incluidas en el *Índex librorum prohibitorum* (*apud* Archer, 1993, p. 10-23).

4   Las tres metas o finalidades de la vida humana —*kama*, *astha*, y *dharma*— siempre fueron objeto de reflexiones y meticulosos estudios: "en cada esfera, a su debido tiempo, un autor pasó a ser considerado como la autoridad máxima: Manu, en la literatura de *dharma*, Kautilya, en la literatura de *artha* y Vatsyayana, en la literatura de *kama*" (Pannikar, 1993, p. 32).

5   La legitimidad e incluso la sacralidad concedida a los placeres del sexo, tan opuestas a la connotación negativa dada por la moral sexual cristiana a estos placeres, están presentes en la revelación, hecha por Vatsyayana, de que el *Kama-sutra* fue escrito cuando él era estudiante de religión y estaba "enteramente entregado a la contemplación de la Divinidad" (1993, p. 206).

6   Tomando como ejemplo el *Mahabharata* (3, XXX, p. 30, 37, 38 *apud* Meyer, 1953, p. 338), se puede constatar que, en él, la definición de *kama* sigue ese mismo esquema.

sexuales con la ayuda de la mente y del alma. Y menos libre, por hacérseles necesario "disciplinarla", para que la vida social sea posible.[7]

En esta línea argumentativa, los seres humanos adquieren mérito "no por la negación de la existencia del cuerpo y de sus apetitos, sino por pulirlos y mantenerlos bajo el control de su voluntad" (Madan, 1981, p. 142). Esa búsqueda por el refinamiento y por la intensificación del placer, que se propone el *Kama-sutra*, difiere radicalmente de la búsqueda de la verdad sobre el sexo, en la cual se empeñan investigadores y cientistas del mundo occidental. Mientras en el arte erótico oriental "la verdad es extraída del propio placer", en la ciencia sexual producida en Occidente es la confesión la que se coloca "entre los rituales mayores de los cuales se espera la producción de la verdad" (Foucault, 2007, p. 73). En consecuencia, tenemos verdades confesadas, "pero estamos lo más lejos posible de las sabias iniciaciones en el placer, con su técnica y su mística" (Foucault, 2007, p. 79).[8]

Además, en la visión hindú, la valorización del *kama* se da no solo por ser este una de las finalidades de la vida humana, sino también por ser "concebido como la contrapartida de la civilización, el simbolismo religioso de los hindúes resalta esto, en todos los niveles. Es la unión de *purusha* (o materia) y *prakriti* (o energía), simbolizada como la unión de Shiva y Shakti la que, según se cuenta, crea el mundo. El símbolo de Shiva es el *lingam* (falo) y el de Shakti es el *yoni*" (Pannikar, 1993, p. 32). Se comprenden, así, las razones por las cuales imágenes de parejas envueltas en diferentes prácticas sexuales —que simbolizan metafóricamente la unión mística del alma con la divinidad— están esculpidas en las paredes de algunos templos hindúes.

Los consejos de Vatsyayana se aplican a ambos sexos, visto que en el *Kama-sutra*, "la mujer no es un instrumento dominador ni pasivo; ella es la compañera necesaria y respetada. Su propio deseo debe igualarse al del hombre y encontrar satisfacción al mismo tiempo que él. La experiencia del amor es analizada como una autodesposesión, una fusión con el compañero. Para cada uno, es el placer del otro lo que cuenta" (*apud* Biardeau, 1989, p. 51). Entre estos consejos,

---

7 Para resaltar esta dualidad del *kama*, utilizaré la versión del *Kama-sutra* (I, 2, 22) citada por Malamoud (1982, p. 44n), que es mucho más esclarecedora que la versión del *Kama-sutra* de Burton y Arbuthonot, que utilicé en las citas anteriores.

8 Sea en un contexto litúrgico, en consultas médicas o psicoanalíticas, o inclusive en narraciones autobiográficas, la confesión en Occidente "fue, y sigue siendo hoy, la matriz general que rige la producción del discurso verídico sobre el sexo [...] Ya no se trata solo de decir lo que se hizo —el acto sexual— y cómo; sino de restituir en él y en torno a él, los pensamientos, las obsesiones que lo acompañan, las imágenes, los deseos, las modulaciones y la calidad del placer que lo habitan" (Foucault, 2007, p. 79-80).

algunos tienen como objetivo refinar e intensificar el placer sexual, otros se refieren a la anatomía de los compañeros, los cuales, dependiendo de sus contexturas físicas, pueden ser más o menos aptos para gratificarse mutuamente. Otras enseñanzas tratan de otras posibles formas de unión sexual meticulosamente enumeradas, todas ellas consideradas como válidas y legítimas,[9] así como de las variadas prácticas de seducción. Hay también recomendaciones sobre el desarrollo de habilidades artísticas ligadas al canto, a la danza, a la música, a la poesía, a la práctica de deportes, al conocimiento de la jardinería y de la etiqueta social. Todo esto porque es necesario cultivar el espíritu y el cuerpo con intereses intelectuales y artísticos para "llevar una vida de placeres, adecuada y disciplinada" (Pannikar, 1993, p. 41).

En virtud de esta aprehensión de la sexualidad como un placer a ser usufructuado con arte y de una forma casi sacramental,[10] la disciplina a la que se somete el *kama* se refiere exclusivamente a los límites impuestos al usufructo de ese placer por las otras finalidades de la vida del hombre-en-el-mundo que le son jerárquicamente superiores: el *artha* y el *dharma*.[11] El hecho de que el *kama* sea limitado por el *artha* y por el *dharma* no significa que el placer sea "menos deseable, él es deseable en su lugar subordinado" (Dumont, 1992, p. 118n). En un contexto jerárquico, "lo inferior (el placer) es, al mismo tiempo, limitado y consagrado por su asociación a los objetivos su-

---

9   La validez otorgada a las más variadas técnicas eróticas es enfatizada por Biardeau, al decir que "las mujeres de un harén real, por ejemplo, muy numerosas para el hombre al cual están vinculadas, deben recurrir a otros medios para obtener satisfacción, y aquí también, todos los medios son legítimos" (1989, p. 52).

10   Las varias significaciones dadas al término *kama* se aproximan a las atribuidas al término hawaiano *le' a*, que designa simultáneamente "júbilo, placer, felicidad, satisfacción sexual, orgasmo, placentero, encantador, feliz". En su forma causativa, *ho' ole' a*, "quiere decir exaltar o alabar, como en alabado sea Dios (*ho' ole' a i ke Akua*)" (Sahlins, 1990, p. 25).

11   El *artha* jerárquicamente inferior al *dharma*, pero superior al *kama*, se relaciona con la adquisición de los bienes materiales y del poder, así como con los medios para obtenerlos. También designa aquello que es anhelado, todo lo "que es bueno, útil" (Biardeau, 1989, p. 53). A diferencia del *kama* esencialmente subjetivo, el *artha* es, simultáneamente, subjetivo y objetivo. Subjetivo por estar ligado al deseo de adquirir poder y riqueza, y objetivo, ya que "es el consenso social el que designa lo que es el *artha*". El *dharma* proviene no de la voluntad de un legislador humano o divino, sino del "orden sociocósmico que organiza el mundo empírico" (Biardeau, 1989, p. 41). Las normas impuestas por el *dharma* no se refieren a los "derechos imprescriptibles de cada uno como individuo", sino al *svadharma*, "un deber diferenciado según la condición de cada uno" (Dumont, 1989, p. 77). Las fuentes del *dharma* son el *sruti* (los vedas), el *smrti* (los *dharmasāstras*), el *sadācār* (la conducta del hombre bueno) y el *ātamtusti* (la autosatisfacción) (*apud* Shah, 1982, p. 61).

periores" (Dumont, 1992, p. 118n).[12] Esta misma idea es formulada, en otros términos, de la siguiente forma: "el cumplimiento de las obligaciones morales es la virtud más elevada. De este modo, el amor no se opone al deber, sino que es absorbido por él" (Madan, 1981, p. 141). Es por este motivo que la obligación de las mujeres de procrear o, más precisamente, de darle un hijo hombre al marido, no es prescripta en oposición al placer, sino englobándolo (*Manu* III, 60-61 *apud* Biardeau, 1989, p. 47).

La percepción de los placeres sexuales como intrínsecamente válidos y legítimos, por ser tan necesarios para la existencia y el bienestar del cuerpo como los alimentos (Vatsyayana, 1993, p. 73), contrasta fuertemente con la concepción cristiana. La cristiandad siempre tuvo una visión negativa en relación a los placeres de los sentidos, en general, y a los sexuales, en particular:

> Hay, en el centro de la moral cristiana, una desconfianza muy aguda en relación a los placeres carnales, porque estos mantienen al espíritu prisionero del cuerpo, impidiéndole elevarse en dirección a Dios. Es necesario comer para vivir, pero se debe evitar entregarse a los placeres de la gula. De la misma manera, somos obligados a unirnos al otro sexo para engendrar hijos, pero no debemos apegarnos a los placeres sexuales. La sexualidad nos fue dada solamente para reproducirnos. Utilizarla para otros fines, como el placer, por ejemplo, es malgastarla. (Flandrin, 1986, p. 135-136)

En esta perspectiva, el sexo es concebido "como una especie de mal necesario, lamentablemente indispensable para la reproducción humana" (Richards, 1993, p. 34). La visión del sexo como deber y no como placer se evidencia en diversos documentos eclesiásticos de la Edad Media. En ellos, el ejercicio de la sexualidad es considerado como un *debitum*, o sea, como un deber o una deuda que cada cónyuge tendría derecho a exigir del otro, siempre que fuera con fines procreativos y con el objetivo de apagar el deseo, y no de incendiarlo.[13] De esta manera, "era un pecado mortal hacer el amor

---

12   En ciertas circunstancias, sin embargo, el *svadharma* de una determinada casta o categoría social puede exigir la colocación del *artha* (en el caso de los *kshatriya*) o del *kama* (en el caso de las mujeres) en una posición central. La consideración del kama como el deber primordial de las mujeres está íntimamente relacionada a la exigencia que les es impuesta de dedicarse incondicionalmente a los maridos: "cuando se conoce el lugar central del deseo amoroso en el lazo matrimonial, la deducción es autoevidente" (Biardeau, 1989, p. 47).

13   La oposición entre el placer y el deber, característica del pensamiento cristiano tradicional, también está presente, aunque de modo inverso, en las propuestas de liberación sexual acatadas, actualmente, por ciertos sectores más modernizados de la sociedad occidental, según las cuales el usufructo del placer es obtenido con mucha más intensidad cuando está exento de deberes o compromisos previos.

con la esposa únicamente por placer" (Richards, 1993, p. 34). Además de pecaminosa, la búsqueda de placer por parte de los esposos incontinentes podría acarrear la posibilidad de tener hijos "leprosos o epilépticos, o tal vez incluso demoníacos", según la advertencia del obispo Cesáreo de Arles, pronunciada en el siglo VI (*apud* Le Goff, 1992, p. 159). Mil años después, los deseos sexuales aún eran vistos como la fuente de todos los males. En *El martillo de las brujas*, publicado en 1484, los inquisidores Kramer y Sprenger atribuyen a los "deseos carnales del propio cuerpo" el "mal irracional de la vida humana" (1991, p. 119). En el siglo XVI, momento en que el Concilio de Trento enfatiza la importancia de la confesión, tales concepciones inducen al florecimiento de los "manuales de confesores", que señalan las perversiones sexuales a ser combatidas por los cónyuges, y dictan "reglas sobre las posiciones del acto sexual" (Almeida, 1992, p. 99). En los siglos posteriores, hay un ablandamiento en la demonización de la sexualidad. En este nuevo contexto, la búsqueda de placer dentro del casamiento y de los cánones prescriptos comienza a ser autorizada "con la condición, claro está, de que no hagan nada para impedir la procreación que continúa siendo la finalidad esencial del acto sexual" (Flandrin, 1984, p. 158).

Otra diferencia entre la concepción de la sexualidad vigente en el contexto indio y la que rige en Occidente tiene que ver con el rol desempeñado por las mujeres. Mientras en el imaginario occidental tradicional aparecen como bellas durmientes que necesitan ser despertadas para el placer, en el *Kama-sutra* y en la mitología india ellas son compañeras activas. Algunos mitos llegan a darle "la iniciativa del deseo a la mujer" (Biardeau, 1989, p. 47). También la idea, comúnmente aceptada en Occidente, de que la sexualidad natural, verdadera, libre y saludable sería aquella que brota de lo íntimo del individuo, espontáneamente, se opone a la adoptada en el contexto indio, una vez que "cualquier acción de este género no sería asociada, por el pensador hindú, a la categoría de lo humano" (Saran, 1962, p. 59). Esa misma forma de pensar es acatada también por algunos antropólogos, como Le Breton (2009), y psicoanalistas, como Hélio Pellegrino. Para este último, en particular, los seres humanos están inevitablemente predestinados a vivir según normas y patrones preestablecidos, del mismo modo como están condenados a la libertad, en la opinión de Sartre.[14] A su entender, la sujeción a la lengua (*langue*), que impone límites, reglas, prescripciones y prohibiciones a la palabra (*parole*), lejos de ser un impedimento para la libertad y para

14 "Condenado, porque no se ha creado a sí mismo y sin embargo, por otro lado, libre, porque una vez arrojado al mundo es responsable de todo lo que hace" (Sartre, 1978a, p. 9).

la espontaneidad creadora, torna más libre, "más elegante y danzarina mi *parole* de sujeto libre" (1989, p. 17).

Cabe destacar también otra divergencia: la de la aprehensión de la sexualidad, por parte de los pensadores hindúes, como una actividad amenazadora para los hombres. En efecto, la emisión del semen es considerada "agotadora, un desperdicio debilitante de la vitalidad y energía esenciales" (Kakar, 1990, p. 119), hasta inclusive en lo que se refiere al poder de fertilidad. De esta manera, "el coito actúa como una práctica devoradora sobre el hombre, más que sobre la mujer" (Das, 1976, p. 135). Por eso, cada hombre hindú considera la retención del semen como "símbolo de virilidad, la cual es desperdiciada si tiene relaciones sexuales frecuentes" (Roy, 1975, p. 121). Los psicoanalistas indios, a su vez, enfatizan mucho más los beneficios de la sublimación de la sexualidad que los peligros o maleficios de su represión.[15] El *brahmacharya* (abstinencia sexual), recomendado solo a los hombres, aparece como esencial para estimular e incrementar la creatividad, la memoria, el poder espiritual y la inspiración artística y científica.

La preocupación por la sexualidad, sea para usufructuarla con arte, como propone el *Kama-sutra*, sea para contenerla por medio del *brahmacharya*, es parte constitutiva de la cultura hindú: "la sexualidad, ya sea en el florecimiento del arte erótico indio y en los rituales dionisíacos de la religión popular, o en el combate dramático de los yoguis ascéticos con sus deseos, que buscan subyugar y transformar en poder espiritual, ha sido una preocupación perpetua de la cultura hindú" (Kakar, 1990, p. 118). Innumerables sabios indios, consagrados por su poder mental y espiritual, entre los cuales se incluye a Gandhi,[16] son admirados por su adhesión al *brahmacharya*. Esta connotación

---

15   Conforme señala Kakar, "la espiritualidad india es preeminentemente una teoría de la sublimación" (1990, p. 118). Por esa razón, a pesar "de las semejanzas superficiales entre los conceptos junguianos y el pensamiento indio" (1990, p. 118), es Freud, y no Jung, quien fascina a la mente india. Para una comprensión más profunda de la noción de *brahmacharya*, ver Ramchandra Gandhi (1982).

16   La adhesión de Gandhi al *brahmacharya*, en 1906, a los 37 años, derivó de su deseo de desarrollar poderes mentales y espirituales necesarios para sus luchas contra el *apartheid* en África del Sur, y, posteriormente, contra la dominación británica en la India. Para una mejor comprensión de la interacción entre las luchas políticas de Gandhi, la contención de su sexualidad y sus intereses espirituales, así como de las peculiaridades de las relaciones entre hombres y mujeres en la India, ver *Gandhi and Women* (Kakar, 1990). Las dificultades sentidas por él para mantener el *brahmacharya*, debido a su "apego carnal", así como su orgullo, veinte años después, por haber logrado hacerlo, lo llevan a recomendar a aquellos que optan por el *brahmacharya* que tengan consciencia de sus deficiencias y no dejen jamás que las pasiones que habitan los "rincones más oscuros del corazón" los dominen (Gandhi, 1971, p. 206-212).

positiva dada a la abstinencia sexual —cuya motivación no proviene de la asociación entre el placer sexual (lujuria) y el pecado, como se podría pensar— se revela en los términos utilizados por Gandhi para designar la lujuria y la pasión: *vishaya* y *vikara*, respectivamente. El primero, que se relaciona etimológicamente a veneno, denota que la lujuria no es vista "como pecaminosa, sino como contaminadora del elixir de la inmortalidad". El segundo, cuyo significado tiene que ver con la idea de distorsión, muestra que la pasión es aprehendida como "ondas de la mente que distorsionan las límpidas aguas del alma", y el estar enamorado como "sufrir la distorsión de la verdad" (*apud* Kakar, 1990, p. 100-101).

Lo que está en cuestión en la concepción hindú del amor disciplinado no es, entonces, el control de la manera como se procesa la fruición del *kama*, sino las relaciones jerárquicas de este con los demás componentes del *trivarga*. Por medio de ese escalonamiento jerárquico, se ordenan y se clasifican diferentes tipos de acciones, no de forma estática, sino dinámica, una vez que ellas dependen del contexto en que sucede la acción y del *status* de la persona involucrada.[17] Si, sustancialmente, las cosas se reducen a un único plano de consideración, en la ordenación jerárquica no hay un nivel privilegiado: "el *dharma* no se presenta como un orden de valores que permea todo, sino, en un amplio sentido, como un principio estructurante de la totalidad de lo real que deja espacio para el interés material y para el deseo sexual" (Kakar, 1990, p. 43). Es por esta razón que esos niveles de realidad retienen su propia autonomía y legitimidad. Lo que importa es que la dedicación a los placeres sensuales no sea de tal monta que implique la negligencia del *artha*, ni que la búsqueda del *artha* se vuelva tan obsesiva al punto de ignorar el *dharma*, que a su vez, sin el *kama* y el *artha* sería infructífero, estéril. Pensar lo contrario presupone una interpretación de la relación entre el *kama*, el *artha* y el *dharma* fundamentada en una percepción propia de la visión individualista de la vida social, que postula la existencia de fines supremos responsables por imponer "normas trascendentes que impiden frecuentemente la satisfacción de nuestras necesidades" (Biardeau, 1989, p. 43).

En el *Kama-sutra*, la noción de disciplina, a la cual el amor, *kama*, debe someterse, se plantea en los siguientes términos: "el hombre sagaz y prudente, practicando *dharma*, *artha* y también *kama*, sin tornarse esclavo de sus pasiones, logra el éxito en todos sus emprendimientos" (Vatsyayana, 1993, p. 206). Por consiguiente, se hace

---

17   Las diferentes castas y categorías sociales deben observar el *dharma* (*svadharma*), el *artha* y el *kama* de acuerdo con su función y *status*.

necesario desarrollar la capacidad de controlar los placeres, así como de intensificarlos y refinarlos. Todo esto se refiere, evidentemente, al hombre-en-el-mundo. El *sanyassin* (renunciante), aquel que busca la *moksa*, la liberación de las cadenas que nos atan a este mundo, fin último al que al ser humano le es dado aspirar, debe abdicar del *kama* y del *artha*, no porque sean ilegítimos, sino por ser un obstáculo para su liberación. Si le cabe "abandonar cualquier lazo con la propiedad, romper cualquier apego a las personas o lugares" (Thapar, 1982, p. 287), vivir solitario, preocupado exclusivamente consigo mismo, libre de toda obligación social,[18] es porque le es necesario renunciar a "todo lo que hace de él un ego —*ahamkara*— a fin de reabsorberse en el Absoluto, donde él no encuentra ningún ulterior rasgo de individualidad" (Biardeau, 1989, p. 38).[19] El individuo-fuera-del-mundo indio es, entonces, impensable como sujeto de una pasión amorosa. A diferencia de Majnún, a quien se asemeja por el despojamiento, la desnudez y la frugalidad, su objetivo es alejarse de cualquier tipo de deseo erótico-amoroso que le haga decir "yo" (*aham*) y "mío" (*mama*),[20] impidiéndole alcanzar el *atman*, su verdadero y eterno ser. El *locus* privilegiado de amores que escapan al orden social se sitúa, por lo tanto, en lo divino. El nivel humano es el espacio de los amores disciplinados, enraizados en el *dharma* y englobados por él, y de los amores indisciplinados, que, por desafiar la jerarquía de los *purusarthas*, son execrados y vistos como intrínsecamente destructivos.

Es por esta razón que, para captar las concepciones de amor y de conyugalidad presentes en el imaginario indio —siguiendo otra vez una opción impuesta por el material investigado y no adoptada arbitrariamente—, tomaré como referencia primordial la interpretación de Veena Das del significado del *kama* en el *Ramayana*.

---

18 "La ruptura de apegos sociales es enfatizada por la aceptación de símbolos exteriores que lo hacen reconocidamente un renunciante: estar desnudo o escasamente vestido, quitándose el cabello o dejando de cortarlo, cargando un cayado y un receptáculo para las limosnas y viviendo presumiblemente separado de los ambientes sexuales o aislado en un bosque" (Thapar, 1982, p. 287).

19 No existe espacio para la individualidad ni en sociedad, ni fuera de ella. Conforme afirma A. K. Saran, tanto el hombre-en-el-mundo como el renunciante "tienen que renunciar al vano esfuerzo de alcanzar la individualidad. Esfuerzo vano porque hacer eso lo lleva a buscar su propia sombra. El hombre-en-el-mundo excede esa búsqueda de la individualidad por su identificación con los roles sociales que desempeña, los cuales son análogos a los roles cósmicos" (1960, p. 62).

20 "La función que le hace al hombre decir 'yo' (*aham*) y 'mío' (*mama*) es *ahamkara*. Esa es la función del deseo, que no solo une al hombre a ese mundo, sino que constituye la parte esencial del hombre empírico y lo individualiza" (Brhadaranyaka Upanisad, I. 4. 17 *apud* Biardeau, 1989, p. 39).

Erotismo, ascetismo y el amor disciplinado

La primera versión del *Ramayana* se remonta, probablemente, al siglo V a.C. Su autoría es atribuida al poeta Valmiki, figura mítica cuya vida es narrada por medio de leyendas. Desde entonces, la historia de Rama, una de las encarnaciones (*avatar*) de Vishnu, y de Sita, de origen sobrenatural, ya que ella nace directamente de la tierra, forma parte de la tradición viva de los hindúes: "narrada en casa, escuchada en el templo o convertida en el tema del *Ramlila*[21] anual, representación teatral en la cual los actores son concebidos como siendo movidos por las propias divinidades, los personajes y episodios de esta historia son íntimamente conocidos y están fácilmente disponibles para un hindú como analogías para pensar sobre el mundo social" (Das, 1982, p. 183).

La utilización de narrativas mítico-religiosas o ficcionales, producidas en un determinado contexto cultural, como medio de acceso a la comprensión de las ideas y de los valores allí vigentes, un recurso muy frecuente en el contexto de la reflexión antropológica india,[22] está presente también en otros centros académicos.[23] El uso recurrente de este recurso se debe, en gran parte, al hábito indio de contar una pequeña historia o un episodio de un relato más amplio, como un privilegiado instrumento de transmisión de conocimiento: "como un medio de reflexionar sobre situaciones complejas, como una indagación sobre la naturaleza de la realidad" (Kakar, 1990, p. 1). Esta actitud es coherente con la creencia de que historias inverosímiles "pueden ser irreales en un sentido racional, pero no son falsas" (Kakar, 1990, p. 30), incluso porque, "el novelista puede inventar las personalidades, los incidentes y los detalles en las vidas de las personas sobre las cuales escribe, pero no inventa la cultura; su punto de referencia es el mundo real" (Madan, 1988, p. 143).

---

21   Literalmente, "la obra de Rama", tradicional representación teatral de la epopeya del Ramayana donde se narran las vicisitudes de Rama [N. del T.].

22   Según Madan, este recurso es válido hasta inclusive para personas que pertenecen a culturas diferentes de aquellas en las que los cuentos fueron escritos. En su opinión, *Chitralekha*, de Varna, *Samkara*, de Anantha Murthy y *Yauati* de Ramanujan y Vishnu Khandekar "pueden ser usadas por los estudiosos no indios de las sociedades y culturas indias para construir su propia interpretación de la cultura india" (1981, p. 129).

23   En lo que a Brasil se refiere, tenemos, entre otros, los trabajos de Da Matta (1973, 1978, 1985, 1994), Viveiros de Castro y Araújo (1977), Lopes (1977), Prado (1981), Abreu Filho (1983), Corrêa (1990), Maluí (1992) y Seed (1994).

La concepción de amor —conyugal, ya que ellos son cónyuges,[24] y no enamorados[25]— que guía las emociones y decisiones de Rama y Sita es la de un amor disciplinado en el que el erotismo y el ascetismo se integran en una experiencia unificada.[26] Este tipo de amor contrasta fuertemente con el de Radha y Krishna que, en su espontaneidad y simetría, se sitúa fuera de la realidad de la vida matrimonial.[27]

Para captar más adecuadamente las peculiares características de ese amor *disciplinado*, es necesario dejar de lado la idea de que el mismo pueda expresarse indiferentemente a las distinciones de género. En un mundo en el que el individuo es absorbido por sus funciones, no hay espacio para sentimientos y emociones que no dependan del rol desempeñado. Mientras para la mujer disciplinar el amor implica amar incondicionalmente al marido, a quien debe dedicarse integralmente, para el hombre, la disciplina del amor cohíbe tal tipo de sentimiento. Si la esposa "tiene el amor como su primer deber" (Biardeau, 1989, p. 47), el marido, muy por el contrario, tiene que precaverse constantemente contra la posibilidad de colocar el amor conyugal por encima de sus obligaciones familiares y de las relacionadas al *artha*.[28] En ciertas circunstancias, puede verse obligado a desatender, contrariar o hasta inclusive, rechazar a la esposa, que jamás debe dejar de expresar amor y devoción por él. Es por esta razón, probablemente, que "en la literatura india el hombre parece, frecuentemente, mucho más frío en el amor que la mujer" (Meyer, 1953, p. 532n).

---

24 El amor entre esposos se constituye también en el tema central de la literatura épica india: "la literatura mundial no tiene canciones de amor de la esposa al marido más adorables que los poemas de Damayanti y de Savitri", en el *Mahabharata* (Meyer, 1953, p. 215).

25 Debido a la inexistencia, en la sociedad india tradicional, de la institución del casamiento por amor o por libre elección, el enamoramiento que precede al casamiento es absolutamente ignorado en las consideraciones referentes al *kama*. En dichas consideraciones se trata del amor conyugal o del relativo a las cortesanas.

26 "El jefe de familia combina y concilia tanto el ideal ascético como el erótico" (Madan, 1981, p. 147).

27 El *kama* en la vida del jefe de familia, como se reveló a través de la vida del *purusottama* (el mejor entre los hombres) Rama, permanece en completo contraste con la espontaneidad y simetría revelada en el erotismo de Krishna y Radha, porque la espontaneidad es prerrogativa de la infancia de los hombres" (Das, 1982, p. 203). Esta misma idea es expresada por Wadley, al afirmar que "Radha raramente es considerada como un ideal. Ella propicia un posible rol ejemplar, pero no uno que se debe defender" (1988, p. 32n).

28 "Un amor muy fuerte por la propia esposa es generalmente censurable" (Meyer, 1953, p. 531).

Desde el punto de visto femenino, esta asimetría del amor conyugal recibe su forma modélica a través de la ideología *pativrata*. Desde la época de las *Leyes de Manu*[29] hasta los días actuales, esta ideología ha gobernado la vida de las mujeres indias. Durante todo este tiempo, dos mil años aproximadamente, permaneció inalterada en sus aspectos básicos. Una *pativrata*, o sea, una mujer que pauta su vida de acuerdo a estas ideas, debe dedicarse al esposo como si este fuera un dios viviente, sin esperar a cambio ningún tipo de consideración o agradecimiento. Toda su existencia se vuelca, de este modo, a la realización de las necesidades, los deseos y el bienestar del marido. Sus intereses particulares quedan en segundo plano, subordinándose a ese objetivo primordial. La superioridad moral y el prestigio social de una esposa, así como su autoestima, dependen de esa dedicación abnegada. Cuanto más ella se sacrifica y se consagra, unilateralmente, al esposo y a sus parientes afines, más glorificada se torna y más orgullosa de sí misma se siente.[30] Abandonar una vida de subordinación sería "abandonar lo que es, en esencia, salvador" (Reynolds, 1980, p. 57). Se cree que la verdadera *pativrata*, aquella que obedece fielmente al modelo prescripto, adquiere poderes extraordinarios como, por ejemplo, el de transformar una piedra en alimento. La que practica el *sati*[31] se vuelve santa.

Este ideal tiene en Sita su figura paradigmática. Pura, casta, de una "ternura gentil y de una fidelidad única que no pueden ser destruidas o incluso perturbadas por el rechazo, la desconsideración o la desatención del marido" (Kakar, 1988, p. 55), Sita es el modelo de mujer-esposa ideal.[32] Sus sufrimientos y su valor moral les sirven a

---

29   Las *leyes de Manu*, o simplemente *Manu*, supuestamente escritas por el primer hombre, el Adán de los mitos brahmánicos, datan, probablemente, de los primeros años de la era cristiana. Ellas expresan un cuerpo de preceptos todavía aceptados como válidos.

30   A pesar de que la noción de *pativrata* sea primordialmente hindú y brahmánica, la influencia de este modelo sobrepasa ampliamente dicho ámbito. El poder ideológico del hinduismo emana no solo del hecho de que los hindúes constituyen el ochenta y tres por ciento de la población india, sino también, y sobre todo, del proceso de "sanscritización", por medio del cual los valores y las costumbres de las altas castas hindúes se difunden por toda la India, traspasando las fronteras étnicas y religiosas (Srinivas, 1977).

31   "El rito de volverse *sati* amplía ese ideal de autosacrificio hasta el punto de la muerte en la pira funeraria del marido, un acto que libera el alma del marido y trae mérito religioso para la próxima reencarnación de la mujer" (Liddle; Joshi, 1986, p. 200).

32   En un trabajo publicado posteriormente, Kakar cita la declaración de una mujer casada que, para justificar su aceptación de los maltratos y crueldades del marido le dice: "Vea, Sita también sufrió por causa de grandes crueldades, pero ella pasó

las mujeres indias de inspiración y justificación para sus vidas. Pinturas retratando los distintos episodios del *Ramayana* aparecen en pueblos y ciudades de toda la India. Para aquilatar mejor la fuerza ejercida por el modelo de amor conyugal vivenciado por Sita, es preciso recordar que las figuras míticas que pueblan el imaginario hindú son mucho más íntimas y familiares que las de la mitología griega o cristiana. Estas no se localizan en regiones o épocas remotas, y sí "en el altamente personal y siempre real espacio-tiempo del individuo" (Kakar, 1988, p. 53). Frecuentemente citadas, en las más diversas circunstancias, para legitimar las actitudes morales y religiosamente correctas,[33] ellas ejercen una considerable influencia en la formulación de "ideas de conducta y de comportamiento" (Srinivas, 1977, p. 223).

El casamiento de Rama, heredero del trono de Ayodhya, con Sita, hija del Rey de Videha, fue realizado de acuerdo con el rito *swayamvara*,[34] característico de los *kshatriyas*. Antes incluso de su consumación, en lugar de ser consagrado rey como era esperado, Rama fue expulsado al bosque por su padre, el rey Dasaratha, en virtud de una promesa hecha a su segunda esposa, la reina Kaikeyi. Obedeciendo la orden de su padre, Rama dona sus riquezas, se despoja de las ropas e insignias de su cargo y —juntamente con su hermano Laksmana— se dirige al exilio, donde deberá vivir por catorce años con un anacoreta. Enterada de esto, Sita se niega terminantemente a separarse de Rama. A pesar de las advertencias que él le hace en relación a los rigores, peligros y sacrificios que la vida en el exilio exigiría, ella se propone seguirlo, justificando su decisión en los siguientes términos:

> Para una mujer, no es el padre, el hijo, la madre, los amigos, ni ella misma, sino el marido quien siempre es en este mundo y en el próximo el único medio para su salvación. Si debes entrar en el impenetrable bosque hoy, Oh Descendiente de Raghú, yo te seguiré. (Shastri, 1962, *apud* Kakar, 1988, p. 54)[35]

---

su tiempo en la tierra por el amor de un hombre. Yo también toleré todo porque lo amé" (1990, p. 76-77).

33   "En Occidente, la Virgen María difícilmente es presentada como un modelo a ser emulado, mientras que en la India ella es considerada de este modo" (Ghadially, 1988, p. 21).

34   "El casamiento swayamvara, al que el *Mahabharata* dedica una sección entera [...], consiste, para un personaje que ocupa un rango social elevado, en el privilegio de dar su hija en casamiento a un hombre de un status cualquiera pero que haya cumplido con un hecho extraordinario o, mejor aún, libremente elegido por la joven misma" (Lévi-Strauss, 1976, p. 517).

35   Opté por citar la versión del *Ramayana* mencionada por Kakar porque, en ella, este pasaje me pareció más expresivo que la de la adaptación hecha por Schwab (1993, p. 52), publicada por la editorial Paumape. Lo mismo se aplica a las próximas citas en las que recurrí a Meyer.

Durante su estadía en el bosque, Sita es raptada por el demonio Ravana, que la lleva a su palacio donde, inútilmente, intenta conquistarla. Al saber del rapto de Sita, Rama comienza a buscarla desesperadamente: "si él ve un fruto o una flor o algo más que deleita el corazón de una mujer, mira a lo lejos y exclama: ¡el sufrimiento está en mí, Sita!" (*apud* Meyer, 1953, p. 426). Luego de una serie de peripecias, Rama logra liberarla del cautiverio. No obstante, la estadía de Sita como prisionera en el palacio de Ravana genera que surjan dudas respecto a su pureza. Estas dudas incitan a Rama, llevado a colocar sus obligaciones reales (*artha*) por encima de sus deseos personales (*kama*), a rechazarla. Así, Sita es recibida con frialdad e indiferencia y, presa de un gran dolor, camina en dirección al esposo, el cual, "solicitado tanto por la cólera como por el amor" (Valmiki, 1993, p. 248), le dice:

> Lo que un hombre es obligado a hacer para lavar las ofensas, lo he hecho, y por eso te reconquisté [...]. Tu presencia me es molesta, cual lámpara que se muestre a intervalos delante de mis ojos. Vete, pues. [...] ¿Es digno de un hombre de corazón, hijo de noble familia, volver a tomar a su esposa, después de que ella ha habitado bajo el techo de otro hombre y cuando la duda le empañó el alma? (Valmiki, 1993, p. 249)[36]

Abatida y desesperada por la actitud de Rama, Sita le pide a Laksmana armar una fogata donde pretende inmolar su vida.[37] Antes, sin embargo, ruega al dios del fuego, Agni, que sirva de testimonio de su pureza. Entonces, el fuego se niega a quemarla.[38] Frente a esta prueba irrefutable, Rama confiesa que jamás dudaría de la fidelidad de su amada, que sabía inquebrantable. Si él la había puesto en cuestión, fue solo con la intención de que todo se esclareciera y ninguna deshonra pudiera alcanzarlo.

---

36   Este mismo pasaje es citado por Meyer en los siguientes términos: "¿Cómo puede alguien como yo, alguien que conoce la resolución de las cosas de la ley, conservar, aunque más no sea por un momento, una mujer que cayó en las manos de otro?" (1953, p. 525).

37   En la adaptación del *Ramayana* hecha por Buck para el público moderno de lengua inglesa, la desesperación de Sita ante el rechazo de Rama y su decisión de arrojarse a la hoguera están excluidas. En ella, solo consta la descripción novelada del momento en el cual el Dios del Fuego testimonia la pureza de Sita y la conduce hasta Rama.

38   A pesar de la semejanza entre la prueba de fuego a la que se somete Sita a fin de comprobar su inocencia, y la del "hierro candente", vivenciada por Isolda con la misma finalidad, no se puede olvidar una diferencia fundamental: mientras Sita actúa con lealtad por no tener nada que esconder, Isolda manipula la prueba con el objetivo de afirmar una pureza de la cual ella no es merecedora.

Algunas veces este episodio es interpretado como una señal de que Rama sería, "en principio, muy irresoluto, negativo, duro, con esa encantadora perla entre las mujeres, Sita" (Meyer, 1953, p. 528). Dicha interpretación, no obstante, solo se mantiene cuando no se contempla la fuerza de voluntad, las renuncias y los sacrificios necesarios para la acción de un marido rey,[39] obligado a colocar los intereses del reino (*artha*) por encima de sus deseos personales (*kama*): "se necesita una fuerza de espíritu mayor a la habitual para mostrarse tan deshumano como Rama y practicar tan pesada autorrenuncia. Sería un lectura muy burda y superficial de lo que sucedió optar por ver, ahí, solo cobardía" (Meyer, 1953, p. 528).[40]

Comprobada la inocencia de Sita, ellos se reconcilian y regresan a Ayodhya, donde son consagrados rey y reina. Sin embargo, nuevas sospechas surgen respecto a la legitimidad del hijo que Sita esperaba, y Rama, "aunque con el corazón despedazado" (Meyer, 1953, p. 528), la rechaza nuevamente, obligándola a retornar al bosque. Confrontada con este segundo rechazo, Sita exclama: "Es para el sufrimiento que yo seguramente nací. ¿Cómo podré vivir sin él (Rama), y a quién aquí le expresaré mi penar?" (*apud* Meyer, 1953, p. 529). Igualmente, este nuevo repudio de Rama a Sita, la negligencia y la desconsideración por su destino de vivir en el bosque, sola y embarazada, no deben ser interpretados como una señal de desamor. Rama jamás "pudo desterrarla de su corazón" (Das, 1982, p. 200).

INDISCIPLINA DESTRUCTIVA DEL AMOR CONYUGAL APASIONADO

A este amor disciplinado, contenido por el *dharma* y moderado por el ascetismo, se contrapone el amor indisciplinado. Por no estar atravesado por el "espíritu de renuncia que proporciona el orden en el dominio caótico del deseo" (Das, 1982, p. 203), este tipo de amor, en lugar de producir la renovación de la vida, se torna instrumento de destrucción y muerte. Su influencia perniciosa cobra expresión mítico-literaria a través de la vida de los reyes Aja y Dasaratha, abuelo y padre de Rama respectivamente.

---

39   "A través de su apego a la esposa, al hijo y a la familia, los hombres se hunden en el viscoso mar de la tristeza", dice el *Mahabharata* (*apud* Meyer, 1953, p. 533).

40   Para Kakar, tales actitudes de Rama pueden verse como un indicio de que él es "frágil, desconfiado y celoso, y bastante conformista, tanto en lo que respecta a los deseos de sus parientes como a los de la opinión pública" (1988, p. 55). Es esta imagen masculina la que, a su entender, las jóvenes indias introyectan en su mundo íntimo, justamente con la femenina, vehiculada por Sita.

La mayoría de los poemas que relatan la vida del Rey Aja y de su esposa Indumati versa sobre el gran amor existente entre ellos. El aspecto desestructurante de ese amor aflora solamente tras la muerte de Indumati. La desesperación sentida por Aja debido a la pérdida de su amada fue tan intensa que lo llevó a descuidar sus deberes de rey, mientras esperaba que su hijo, Dasaratha, que en un futuro sería el padre de Rama, se tornase capaz de gobernar en su lugar. Ni bien Dasaratha lo substituye en el reinado, Aja, inmerso en su pasión, busca deliberadamente la muerte. El aspecto destructivo del amor de Aja por Indumati no está relacionado solo con su tristeza y muerte. Lo que es visto como altamente negativo es el debilitamiento de su capacidad de cumplir el *dharma* que, en el caso específico de un rey, está ligado al *artha* y, por ende, a su poder de gobernar con eficacia.

De acuerdo con el *Mahabharata*:

> Sobrepasado por la pasión, el hombre es arrastrado de un lado al otro por el *kama*. El hombre sabio evita una inclinación tierna, sea por los amigos, por las cosas del mundo, por bienes mundanos, o por una mujer. (*apud* Meyer, 1983, p. 333)

En el *Bhagavad Gita*, esta misma idea se expresa en los siguientes términos:

> Así como la llama está envuelta en tabaco; como el espejo se cubre de polvo; como el embrión es circundado por la membrana en el seno materno, así es el Yo del hombre envuelto por los deseos del mundo objetivo. (en la traducción de Rohden, 1990, p. 49)

El amor de Dasaratha, hijo de Aja, por una de sus mujeres, Kaikeyi, es también tan fuerte y poderoso que, debido a un mero capricho de su amada, destierra a Rama, su legítimo heredero, a fin de coronar a Bharata, su hijo con Kaikeyi. Esta actitud lo lleva a exclamar, desesperado: "¡maldición para mí, cruel naturaleza impotente, de poco vigor, hombre subyugado por la mujer e incapaz de exaltarse por la cólera, sin energía, sin alma! (Valmiki, 1993, p. 41).

La destructividad del amor adúltero

La destructividad de otro tipo de amor indisciplinado, el adúltero, es tema de un cuento tamil, *The Sins of Appu's Mother*[41] de T. Janakiraman. Lo que plantea la trama de este cuento, no obstante, no es la romantización de la pareja adúltera, foco central tanto de los poemas de amor cortés como de *Tristán e Isolda*, sino los efectos destructivos del adulterio sobre la relación entre madre e hijo.[42]

---

41 Este es el título de la traducción al inglés del cuento tamil.

42 El *locus* en el que se desarrolla la trama de esta narración es el de la ciudad de

A fin de aprehender mejor el tenor dramático de este tipo de argumento, es necesario tomar conocimiento del rol desempeñado por la figura materna en la sociedad india. Para ello, los textos clásicos —el *dharmasasthras* y, más específicamente, las *Leyes de Manu*— son insuficientes. En ellos existe un tratamiento minucioso y detallado del comportamiento que le corresponde a los cónyuges, pero casi no hay referencias a la conducta esperada de las mujeres como madres. Esta imprecisión respecto al rol materno es corroborada por la inexistencia de una definición de madre ideal, análoga a la de la esposa ideal, así como por la ausencia de figuras míticas que puedan ser tomadas como modelos de madres ejemplares. Esto no significa que la figura materna tenga un rol secundario en la religión y en el pensamiento hindú.[43] Muy por el contrario, ella presenta una fuerza extraordinaria en la civilización india, mucho mayor que en la occidental.

La adquisición y mantenimiento del *status* materno, no obstante, dependen no solo de la maternidad propiamente dicha, sino del nacimiento de un hijo del sexo masculino. Solo entonces es que la identidad de la joven esposa y madre se cristaliza, y su posición en la casa de sus suegros comienza a consolidarse. Hasta ese momento, su situación es extremadamente precaria. Las esposas estériles o que solamente tienen hijas pueden ser repudiadas por los maridos, que se casan nuevamente a fin de asegurar la continuidad de la familia.[44] En este sentido, el hijo es el salvador de la madre, es por medio de él que las indias obtienen satisfacción emocional, prestigio social y la posibilidad de ejercer alguna influencia en la vida familiar. Por esta razón, tienden a nutrirlo con gratitud y a tratarlo con afecto, cariño e incluso reverencia. Esta intensidad afectiva del vínculo madre-hijo se revela en el brillo especial que adquieren los rostros de las mujeres entrevistadas por Dhruvarajan en una aldea del sur de

Madras, situada al sur de la India, región donde las mujeres son vistas, en mayor grado que en otras, como detentoras de "poderes extraordinarios, poderes que pueden conducir a la vida y a la propiedad o a la destrucción, o inclusive a la muerte" (Wadley, 1980b, p. 153).

43 Ser mujer en la India es inseparable de la maternidad y de todo lo que esto acarrea, la responsabilidad y el honor; todo el resto tiene una importancia secundaria" (Madan, 1976, p. 72).

44 La precariedad de la situación de la esposa, en caso de que no tenga un hijo hombre, se expresa en un bajísimo porcentaje de familias que no cuentan con al menos un anhelado hijo de sexo masculino. Esta composición se revela en la investigación etnográfica realizada por Dhruvarajan, en 1972, en una aldea rural en el sur de la India. Habiendo recolectado historias de vida de 46 mujeres indias casadas, ella constató que, entre ellas, solamente una de 18 años y otra de 27 eran solo madres de una hija. Y, con excepción de la entrevistada que quedó huérfana en el primer año de vida, todas las demás tenían hermanos del sexo masculino (1989, p. 122-149).

la India cuando hablan sobre sus hijos, lo cual no sucede cuando las hijas o los otros miembros de la familia son mencionados (1989, p. 89).[45] La valorización otorgada a los hijos de sexo masculino se debe a la posición especial que ocupan en la vida familiar india. Más allá de que sean imprescindibles para asegurar la salvación espiritual de sus ancestros,[46] les cabe dar continuidad genealógica a la familia. Su presencia en casa de los padres, en la cual permanecen incluso tras el casamiento, les proporciona, a su vez, amparo y protección económica en la vejez. La innegable importancia del vínculo padre-hijo en la preservación de la identidad familiar y en los rituales religiosos, no impide, sin embargo, la valorización del que une a madre e hijo, considerado como el "lazo moral de amor por excelencia" (Madan, 1982, p. 231). Es tan crucial que ha sido considerado como el más importante e intenso en la sociedad y en la vida familiar india. Según Nandy, "la relación madre e hijo es el nexo básico y el paradigma supremo, fundamental de las relaciones sociales humanas en la India" (1988, p. 74).

Para un hijo, la madre es mucho más sagrada que el padre, y el respeto y reverencia dedicados a ella son mucho más grandes que los debidos a él (Kumari, 1989, p. 15). En los años de su formación, la madre es la única autoridad genuina a quien el hijo se somete, y es ella, y no el padre, quien lo castiga o recompensa. También durante la adolescencia y la vida adulta, la madre es la figura afectivamente dominante, ya que la interacción entre jóvenes antes del casamiento es severamente restringida, y la relación entre marido y mujer muy formal, por lo menos en los primeros años del matrimonio.[47] Conforme destaca Kumari, "las relaciones conyugales indias son tí-

45   La preeminencia del vínculo madre-hijo en detrimento del existente entre marido y mujer hace que el feminismo moderno sea menos convocante en la India que en otros países. Para un análisis de las diferencias entre el feminismo que emerge en Occidente a fines de 1960 y el que se propaga en la India en la década del setenta del siglo pasado, ver Roy (1988) y Chitnis (1988). Respecto a la constitución de grupos de estudios sobre las mujeres en las universidades y a los principales temas y cuestiones debatidos, así como las diferentes formas de violencia a las que las mujeres están sometidas, consultar Baig (1976), Mazundar (1979), Krishnaraj (1986), Desai y Krishnaraj (1990), Chatterji (1988), y también Kumari (1989).

46   "Solamente un hijo está calificado para continuar el patrilinaje, desempeñar los ritos de encender el fuego de la pira funeraria y para propiciar las almas de los ancestros agnáticos a través del shraddha" (Desai, Krishnaraj, 1990, p. 173).

47   Esto no significa que "falte intimidad en un casamiento en la India, ese mutuo incremento de experiencia dentro de patrones culturalmente determinados de amor y cariño, que es el criterio común de un buen casamiento en Occidente. Al contrario, en la India, esa intimidad se desarrolla más tarde en la vida de casado, en la medida en que ambos compañeros maduran lentamente, volviéndose jefes de familia adultos" (Kakar, 1988, p. 64).

picamente mucho menos íntimas que las que se dan entre madre e hijos" (1989, p. 59).[48] Además, es solo en relación a la madre que los indios se sienten como seres humanos completos y reconocibles en su individualidad. Debido a esta alta valorización del vínculo filial, los hombres tienen una ligazón más estrecha con sus madres que con sus esposas.[49] Más allá de amadas, las madres también son temidas. El carácter perverso de la figura materna, no obstante, no está ligado a la agresividad: "el aspecto agresivo del sentimiento materno en relación al hijo es comparativamente débil en la sociedad hindú, la posibilidad de *perturbaciones* emana de sus necesidades eróticas insatisfechas y de su constante seducción" (Kakar, 1978, p. 80 *apud* Madan, 1988, p. 142).

Alankaram, madre de Appu y personaje central de la trama del mencionado cuento, es bonita, físicamente atrayente, de personalidad fuerte, voluntariosa y arrogante. Ella mantiene una relación adúltera con uno de los discípulos de su marido Dandapani, astrólogo, profesor de sánscrito y especialista en textos hindúes antiguos. Ajeno a los problemas del día a día de la familia, Dandapani tolera la infidelidad de su mujer. Para escapar de las consecuencias de su opción por una "vida de placer, *kama*, fuera de los moldes de una conducta correcta, *dharma*" (Madan, 1988, p. 145), Alankaram busca hacer del hijo el instrumento de su salvación y de la purificación de sus pecados. Con esa intención, envía a Appu a una escuela védica, a fin de convertirlo en un *rishi*, un sabio o profeta.

El deseo de Alankaram, sin embargo, no se concretiza. Al volver a la casa materna, después de pasar dieciséis años en la escuela védica, y enterarse de la infidelidad de su madre, así como del motivo que la llevó a convertirlo en *rishi*, Appu se niega a ejercer la función que ella le había destinado. La resistencia de Appu a encuadrarse en el rol de un hijo obediente, así como la ambivalencia de sus sentimientos en relación a la madre —que constituye el tema central del cuento— no derivan, en la interpretación de Madan, de la mala voluntad en amarla, sino de la imposibilidad de corresponder al amor egoísta e interesado de una madre que optó por el *kama* en detrimento del *dharma*. Ante la negativa de Appu de redimirla, Alankaram se ve imposibilitada "de, a los pies de él, quemar su alma" (Madan, 1988, p.

---

48   Esto se revela en los resultados de una investigación, realizada por Gore, en una comunidad india de Agarwal, donde, de los hombres entrevistados, 56% se consideraron más cercanos a sus madres que a sus esposas, mientras que solo 20% declararon sentirse más cercanos a sus mujeres (*apud* Kakar, 1988, p. 64).

49   Inclusive después de convertirse en padres, los hombres mantienen las mismas fantasías y miedos en relación a la figura materna que sentían cuando niños (ver Nandy, 1988, p. 75).

146) y expiar sus pecados. Sin otra opción para purificarse y obtener la salvación, se dirige en peregrinación a la ciudad santa de Kashi y permanece allí hasta su muerte.

En la interpretación de Madan, la destructividad proveniente del adulterio de Alankaram fue una consecuencia de la "preocupación egoísta por el propio yo, por la satisfacción de sus propios deseos —con el *kama* divorciado del *dharma*— lo que lleva a un ser humano a mirar a los otros seres humanos en términos instrumentales y, finalmente, resulta en su propio colapso moral" (1988, p. 154n). La adopción, por parte de Madan, de una posición ética en relación a las actitudes de los personajes de *The Sins of Appu's Mother*, extraña al contexto académico de Occidente, es muy característica de la antropología india. Según Nandy, "el conocimiento sin ética es no solo una ética maléfica como también un conocimiento inferior" (1983, p. 113).

Devoción, autosacrificio y poder

Las mujeres indias tienen poder y fuerza, no solo como madres, sino también como esposas.[50] El rol de mujer-esposa ideal, que impone completa dedicación y sumisión al marido, presupone y se basa en un vigor interior muy grande. Así como Sita, ellas no se intimidan ante ningún tipo de dificultad o de sufrimiento. Esta asociación entre femineidad, abnegación y fuerza se revela en los personajes femeninos del *Mahabharata*. La decisión de Gandhari de vendarse los ojos al saber que su marido era ciego (*Mahabharata*, 1993, p. 39-41) ejemplifica, aunque de una forma extrema propia de los mitos, la fuerza de voluntad necesaria para las mujeres que hacen de la dedicación y devoción al marido su deber primordial. Savitri, a su vez, a fin de salvar al marido, sigue al dios de la muerte hasta su propia morada, poniendo en riesgo su vida misma.

Es por ello que Gandhi evoca la gentil y tenaz disposición revelada por las mujeres en sus vidas, a fin de expresar el poder moral que emana del *ahimsa* (no violencia). A su entender, siempre que la resistencia no violenta a la violencia "es propuesta a través del autosacrificio, esta es un arma primordialmente franqueada a las mujeres" (Gandhi, 1942, p. 251).[51] Gandhi se niega, de este modo, a seguir

---

50   Este poder y fuerza de las mujeres indias es destacado por Baig, al afirmar que la estructura de la familia india "tal vez evidencie más claramente que cualquier otra cultura que las mujeres tienen relevancia incluso cuando son desprivilegiadas; son fuertes, no débiles; y que ellas continúan siendo el repositorio de los elementos no conocidos, no visibles aunque tangibles, del poder humano" (1976, p. XIV).

51   El orgullo de Gandhi por la capacidad de autosacrificio de su madre y por la fuerza moral que de allí deriva se expresa en su autobiografía en los siguientes términos: "Su elección tendía a las promesas más difíciles, y ella las observaba inflexi-

el modelo occidental que identifica "la autoridad con la dominación masculina y la subordinación con la sumisión femenina" (Nandy, 1980, p. 73-74).[52]

La percepción de que las mujeres son fuertes y poderosas esclarece una situación aparentemente paradójica: la de que la India haya sido gobernada por Indira Gandhi, durante tanto tiempo y con tanta fuerza y prestigio. Identificada con la diosa madre Durga, que puede ser benevolente, pero también destructiva y agresiva,[53] Indira Gandhi no necesito negar su femineidad a fin de ejercer el poder. Se comprende así, por qué ella pudo vestir el *sari*, traje que simboliza la aceptación de los valores femeninos tradicionales, y, al mismo tiempo, ejercer un cargo político normalmente atribuido a los miembros del sexo masculino.

El poder femenino, no obstante, puede ser extremadamente peligroso y anárquico.[54] Para tornarlo benéfico, es necesario mantenerlo bajo el control de los hombres.[55] La peligrosidad que proviene del poder femenino no sometido a tal control se manifiesta en las divinidades. Kali, una de las esposas de Shiva, fue enviada a la Tierra para aniquilar a los demonios que amenazaban el poderío de los dioses. Luego de exterminarlos, es poseída por un incontrolable deseo de continuar matando, volviéndose peligrosamente destructora.[56] Shiva, incapaz de detenerla, se arroja a sus pies. Cuando Kali percibe

---

blemente. La enfermedad jamás le servía de pretexto para eximirse de su cumplimiento [...]. Dos o tres ayunos consecutivos nada significaban para ella. Una sola comida por día, durante el Châturmâs, le era un hecho habitual" (1971, p. 23). Este mismo tipo de admiración se revela en la autobiografía de Kurosawa, en el momento en que este relata el orgullo que sintió cuando su madre llevó hacia fuera de la casa una olla que se incendiaba, con el andar sereno y sin ninguna expresión de dolor, a pesar de las fuertes quemaduras (1990, p. 50).

52   Ver también Nandy (1983, p. 52-55).

53   Ver Wadley (1988, p. 41).

54   En las ceremonias de casamiento hindú, "el poder y la eficacia del principio femenino es en verdad reconocido (si no realmente venerado), pero también se reconoce que ese poder es potencialmente peligroso: por eso es necesario que sea cuidadosamente controlado y subordinado al dominio de los hombres y de los tomadores-de-esposa" (Selwyn, 1979, p. 697).

55   La peligrosidad de las mujeres es destacada por Liddle y Joshi, en los siguientes términos: "En la India, tanto en la cultura hindú como en la musulmana, las mujeres son vistas por los hombres como peligrosamente poderosas. Los hombres tienen que controlar a las mujeres, ya que ellas son incapaces de autocontrolarse, no por ser muy débiles para hacerlo, sino porque su poder es demasiado grande" (1986, p. 56).

56   A diferencia de Kali, las divinidades y los demonios masculinos son lógicos en los trastornos que causan: "ellos no llevan adelante la idea de meramente matar" (Wadley, 1988, p. 27-28).

que su danza puede matar a su marido, deja de danzar, y la Tierra es salvada. El temor que sienten los hombres en relación a las mujeres, que obviamente no se restringe al contexto indio,[57] tiene en dicho contexto un aspecto muy peculiar: "el miedo masculino en este caso es el de que un hombre pueda desagradar al principio cósmico femenino, que la mujer pueda traicionar, agredir, contaminar, o al menos, fallar en proteger" (Nandy, 1988, p. 75).

> Como *shakti*, el poder y la energía del universo, las diosas propician una fuerza motivadora para el pasivo inactivo macho: sin el *shakti* de sus diosas, ningún dios masculino puede actuar. Esta fuerza generativa femenina es fundamental para toda acción, para todos los seres en el universo hindú. (Wadley, 1980a, p. IX)[58]

El hecho de que el *shakti* sea femenino no significa que los hombres no lo posean. Él "reside en cada ser humano" (Madan, 1982, p. 242). En la India, atribuir a los hombres predicados femeninos no afecta su masculinidad, sobre todo porque, en el contexto indio, "la competencia, la agresión, el poder, el activismo y la intrusión no están tan claramente asociados con la masculinidad" (Nandy, 1988, p. 79). De la misma forma, la aceptación de la intuición y la ternura como valores, así como "la capacidad de usar medios de autoexpresión que movilizan sentimientos, imágenes y fantasías" (Nandy, 1988, p. 76) no están asociadas a la femineidad.[59] El *shakti* de una determinada persona aumenta o disminuye en consonancia con su modo de vida. Acciones que impliquen autosacrificio, tales como la abstinencia sexual, para los hombres, y la devoción incondicional al marido,[60] para las mujeres, son factores que lo intensifican.

La exaltación del valor moral, del poder y de la fuerza que proviene de la devoción incondicional al marido ha sido denunciada por el

---

57   Para aprender la forma por la cual se expresa en el imaginario masculino del mundo occidental el miedo a las mujeres, consultar Peter Gay (1988) y Delumeau (1990).

58   El principio masculino en la divinidad, *purusha*, es confiable, pero relativamente pasivo, débil, distante y secundario (Nandy, 1988, p. 72).

59   Las diferencias entre la noción de femineidad bengalí y la norteamericana fueron exploradas por Roy (1988).

60   "En la religión tamil, la creencia en el poder y en la superioridad moral de quien ama en detrimento de quien es amado hace que las personas eviten decir te amo con miedo de ser catalogadas de pretenciosas: El amor genuino, tal como es encontrado en la experiencia religiosa (*bhakti*) es un poder más grande que cualquier otro. El amante, aquel que posee esa rara y pura emoción, es moralmente superior al amado, que no es productor, sino solo el recipiente del amor. Por eso los tamiles no dicen "te amo" usando la palabra *anpu* (término más genérico para el amor) porque esa palabra es de jactancia, sino que más apropiadamente a alguien que les agrada le dicen: 'me amas'" (Egnor, 1980, p. 19).

movimiento feminista como un instrumento ideológico de subordinación, por inducir a las mujeres al conformismo frente a los abusos y la violencia infligidos por el marido o por sus parientes afines.[61] Madan destaca esta posibilidad, al afirmar que el énfasis en el poder femenino puede sonar como "un cuento de hadas, más apropiado tal vez para justificar la subordinación de las mujeres a los hombres, inventado por los antiguos y astutos brahmanes" (1976, p. 72). La superioridad de los maridos en relación a las mujeres, sin embargo, es solo una de las varias jerarquías a las que las mujeres se encuadran en el transcurso de sus vidas. La severidad de todas estas jerarquías, no obstante, "es en cierto modo atenuada por el fuerte sentido de deferencia a los superiores, por un sentido de mutualidad, por una serie de códigos de comportamiento que inducen a los superiores a cumplir sus obligaciones relativas a los inferiores y, especialmente, por una filosofía de la abnegación, el énfasis cultural en la sublimación del ego" (Chitnis, 1988, p. 83).

Además, la identificación de los hombres (padres y maridos) como la primera fuente de opresión femenina no se corresponde con la experiencia real de las mujeres indias. Existen fuertes lazos de afectividad y solidaridad entre hombres y mujeres en la vida familiar. La relación entre padre e hija, abuelo y nieta, madre e hijo, en general, son íntimas y cálidas. Según Chitnis: "los hombres en la cultura india han sido considerados, tradicionalmente, como padres y hermanos afectuosos"[62] (1988, p. 94). Roy, por su parte, además de resaltar este hecho, destaca otro vínculo cariñoso, el que se da entre la joven esposa (*boudi*) y el hermano menor del marido (*debar*) (1975, p. 107). Esta "intimidad en la relación entre el hermano menor y la esposa de su hermano mayor", tan común en la India, le pareció sorprendente a la antropóloga japonesa, Chie Nakane (1975, p. 20). Al mismo tiempo, existe una relación opresiva, y algunas veces cruel, entre la suegra y la nuera, y un poco más amena, aunque no menos tensa, entre la hermana del marido y la esposa de este. El peso de las relaciones familiares sobre una mujer varía con el tiempo, una vez que depende

61   En *Brides are not for burning*, Ranjana Kumari, brinda un dramático testimonio sobre la muerte de jóvenes esposas ocurridas debido al no pago de la dote. Este tipo de reacción violenta se ha vuelto más grave en tiempos recientes, sobre todo en "condiciones de urbanismo, migración, inversiones en la educación de los hombres que consiguen empleos urbanos no agrícolas" (Tambiah, 1989, p. 418).

62   Conforme resalta Madan, "lo que más impresiona, en la India moderna, es la tradicional visión del mundo de gran parte de notorias mujeres hindúes". Citando, como ejemplo, a una eminente antropóloga, Iravati Karve, profesora de la Universidad de Poona y vehemente defensora de los derechos de las mujeres, él menciona la dedicatoria de uno de sus libros, en la cual, refiriéndose al marido, ella dice: "Coloco mi cabeza a vuestros pies y pido vuestra bendición" (Madan, 1976, p. 84).

del estadio de la vida en el que ella se encuentra.[63] En estas circunstancias, la liberación de las mujeres no depende solo de cambios en la relación conyugal, sino también en las relaciones con los otros miembros de la familia, a quienes deben respeto y obediencia (*apud* Liddle; Joshi, 1989, p. 183).

Otro factor que le da a la lucha feminista en la India características propias es la aprobación, por gran parte de la población femenina, de los casamientos arreglados. La aceptación de este tipo de casamiento sucede incluso entre mujeres de formación universitaria. En una investigación realizada en Delhi en el transcurso de la década del ochenta del siglo pasado, en la que fueron entrevistadas 120 mujeres universitarias, solo 25 se casaron por amor. De estos casamientos seis atravesaron las diferencias religiosas y siete las de casta (Liddle; Joshi, 1986, p. 227-230). En algunos casos, la opción por el casamiento por amor provino de una decisión familiar y no de razones personales. Una de las mujeres entrevistadas, Rekha Rohtagi, revela lo siguiente, al hablar sobre su casamiento:

> El mío fue un casamiento por amor. Mi padre dijo que yo misma debería encontrar a aquel que sería mi compañero en la vida. Todas mis hermanas hicieron esto, aunque no mis hermanos. Yo ya estaba trabajando y tenía un doctorado cuando me casé. (Liddle; Joshi, 1986, p. 211)

En otra investigación, realizada también para la misma época, en Shimla, antigua capital del Estado de Punjab, se evidencia, igualmente, la aceptación de casamientos arreglados por parte de mujeres universitarias, muchas de ellas ya comprometidas profesionalmente (Sharma, 1986). Una de las ventajas alegadas para la adhesión al casamiento arreglado se refiere a la ausencia, en este tipo de casamiento, del período de noviazgo, que "impone graves tensiones en la relación entre las mujeres, al colocarlas en competencia a unas contra las otras" (Das, 1976, p. 145). Una ventaja adicional se refiere a la estabilidad del matrimonio, que contrasta con la inestabilidad e inseguridad del casamiento por amor, cuya continuidad depende de la "continuidad del interés romántico entre el hombre y la mujer" que, ciertamente, no es algo fácil de mantener (Das, 1976, p. 145).

Construyendo el amor disciplinado

A fin de captar las emociones y sentimientos involucrados en la construcción del amor disciplinado, que sirve de base y de funda-

---

63 La posición de la joven esposa en su nuevo hogar, el de la familia del marido, se va fortaleciendo a medida que sus hijos van creciendo y ella se va convirtiendo el punto central de la unidad y de la autoridad familiar.

mento a los casamientos arreglados, utilizaré la experiencia de vida y las declaraciones de algunas jóvenes universitarias[64] de las castas más altas de la ciudad de Calcuta, recogidas por Roy (1975).[65] Entre ellas, el amor al marido se tiñe, algunas veces, de apasionados anhelos absorbidos tanto de la lectura del *Gita Govinda* y de la literatura profana inspirada en él, como de obras literarias y películas románticas provenientes directamente de Occidente o producidas bajo su influencia.[66] Esta connotación romantizada del amor conyugal, que no puede ser generalizada para otras regiones de la India, probablemente, se deba al hecho de que Calcuta, capital del Gobierno Imperial Británico de 1772 a 1912, haya sido sometida a una influencia mayor de los ideales románticos, no solo directamente, sino también por medio de autores bengalíes, por ejemplo Chatterjee (1838-1894), que reinterpretaron y adaptaron dichos ideales a los valores indios. Además de Chatterjee, otro poeta y filósofo bengalí que ejerció una enorme influencia en este proceso fue Tagore (1861-1941). Premio Nobel de literatura, sus obras forman parte de la formación literaria de las jóvenes bengalíes. Los poemas y cuentos de estos autores, no obstante, coherentemente con las costumbres matrimoniales direccionadas a los casamientos arreglados, se focalizan en el amor conyugal. El enamoramiento de los jóvenes solteros es prácticamente ignorado.

La adaptación del amor romántico a la disciplina de los casamientos arreglados lo vuelve cualitativamente diverso en sus efectos, aun cuando sea equivalente a nivel emocional. Entre estas diferencias, la más relevante tiene que ver con el objeto al que este amor se direc-

---

64 "La educación escolar y universitaria es fomentada en las mujeres como un símbolo de *status*, y esto ayuda en las negociaciones de casamiento. Sin embargo, no se espera que esa educación cambie las ideas y pensamientos de una mujer y la haga despreciar los valores tradicionales basados simultáneamente en el hinduismo conservador y en las costumbres populares ritualísticas, que son parte de la vida del día a día" (Roy, 1975, p. 10).

65 Roy hizo su investigación de campo entre las jóvenes bengalíes entre 1950 y 1960. Durante ese período, ella recogió cincuenta historias de vida de esas jóvenes. En estos relatos, constan sus primeras experiencias en la infancia, sus fantasías y expectativas en relación al futuro marido y al casamiento, sus frustraciones tras el casamiento y las compensaciones a esas frustraciones.

66 En relación a Occidente, la literatura, los autores y las películas más apreciadas por las adolescentes bengalíes son los siguientes: "Clásica e italiana: leyendas de Grecia y Roma; Dante. Renacimiento: Shakespeare. Romántica: Shelley, Keats, Byron, Wordsworth. Autores franceses naturalistas y realistas: Zola, Flaubert. Moderna y popular: Jane Austen, Maugham, Hemingway, A. J. Cronin. Comunicación masiva: Películas de América, sobre todo historias de amor de Hollywood, tales como *Lo que el viento se llevó*, *La princesa que quería vivir*, *Por quién doblan las campanas*" (Roy, 1975, p. 45).

ciona, que no está constituido por un hombre, en especial, dotado de determinadas características vistas como atrayentes o admirables, sino por aquel que fue indicado para ocupar el rol de marido. La instauración de este amor no depende, por lo tanto, de un conocimiento previo o de la existencia de afinidades físicas o psíquicas con la persona a ser amada.[67] Así como nosotros nos preparamos para amar a nuestros hijos del modo que son al nacer, no importa si feos o bonitos, sanos o enfermos, en la India, el amor al marido se construye de antemano.[68] La centralización dada a la vivencia y a la expresión del amor femenino, en detrimento del amor masculino, deriva de la valorización atribuida a este amor, punto medular de un trabajo ideológico permanente, mientras que el masculino, en gran parte, se mantiene encubierto.[69]

Para una comprensión más profunda de la manera como se da la construcción del amor disciplinado dentro del casamiento arreglado, nada mejor que tomar en consideración la declaración de dos jóvenes sobre las emociones que cada una de ellas sintió durante el período previo al casamiento.

La primera declaración revela emociones suaves, más próximas a un afecto no romantizado:

> Supe por mi hermana que su familia era muy rica y que había terminado su carrera de ingeniería. Él tenía veintisiete años y, según mi hermana, que vio su fotografía, era muy lindo. Ella entonces se ofreció, en caso de que yo tuviera curiosidad, a sacar la fotografía, furtivamente, del escritorio de mi tío. Claro que estaba curiosa, aunque me sintiera avergonzada de decirle esto. Pero como no quería dejar pasar la oportunidad, le dije que sí y le hice prometer que no contaría a nadie que yo le había pedido hacer tal cosa. Estábamos entusiasmadas con nuestra complicidad. Cuando logró

---

67 Para comprender mejor el contraste entre esta forma de amar y la promulgada por el romanticismo europeo, ver *Las afinidades electivas*, de Goethe.

68 Para un análisis de la construcción cultural del amor materno, ver Badinter (1985).

69 En el contexto familiar indio "se considera vergonzoso ser abiertamente atento con su propia mujer" (Roy, 1975, p. 162). La descripción hecha por Madan de la relación usual entre maridos y mujeres, en el área rural de Kashmir, ejemplifica esta idea: "Si un hombre vuelve a casa después de una prolongada estadía en Srinagar o en cualquier otro lugar, su regreso causa entusiasmo y alegría en su hogar. Cuando él entra en el patio, hombres, mujeres y niños de su *chulah* se reunirán a su alrededor. Hombres y mujeres lo abrazarán y lo besarán. [...] Pero hay una mujer que permanecerá indiferente y continuará haciendo aquello que estaba haciendo. O ella puede dirigirse a la cocina, aparentemente para trabajar allí. Pero no se dará por enterada del hombre que llegó. Ni dirigirá ninguna mirada hacia él. ¡Ella es la esposa! (1989, p. 119).

sacarla del cajón del escritorio por algunos minutos, no sabría decir si realmente gusté de su apariencia.

Hasta este punto del relato, se observan la curiosidad, la expectativa, la inseguridad, todas ellas mucho más teñidas de tonos positivos que de rechazo o miedo. Cierto día, la esposa de su hermano del medio (*mejo boudi*) le dijo que sus familiares la llevarían a tomar el té a un restaurante con un grupo de muchachos, sin revelarle que el joven que tal vez llegara a ser su futuro marido estaría entre ellos. Solo le recomendó que hiciera una siesta para adquirir buena apariencia. Por medio de su hermana, que ya era su cómplice por haberle mostrado el retrato de su posible pretendiente sin el conocimiento del tío, se enteró que él estaría allí con sus amigos. Frente a la expectativa de encontrárselo, se sintió "feliz y tensa". Cuando llegó al restaurante en compañía de la *boudi* (su cuñada), de la *sejdi* (su tercera hermana mayor), y del *dada* (su hermano mayor), un grupo de cuatro muchachos ya estaba en la mesa. Entonces relata:

> Por un breve segundo, mis ojos encontraron los ojos del rostro que había visto en el retrato. Tenía una mejor apariencia que en la fotografía. Nos sentamos, Mantuve la cabeza inclinada por temor a encontrar sus ojos nuevamente. Permanecí allí, revolviendo mi té frío, debatiéndome entre escuchar lo que decían e imaginar si podría amar a ese hombre y si me casaría con él. De repente, me preguntó si me gustaría tomar otra taza de té y, antes de que pudiera responderle, llamó al mozo. Quedé muy impresionada con su gentileza. Pensé que tenía una voz profunda; me sentí más cerca suyo.

La buena impresión causada por la amabilidad con que es tratada por el muchacho, así como la sensación de cercanía que siente en relación al joven a quien reconoció como probable esposo, evidencia perfectamente bien la forma disciplinada por la cual se construye el amor hacia el futuro marido.

> Después de un mes, por la mañana, mi hermana vino corriendo a avisarme que el mes siguiente me casaría con él. El pedido de casamiento había sido hecho. Sentí un fuerte dejo de felicidad e intenté recordar el rostro del hombre que me ofreció una taza de té caliente en el restaurante. (Roy, 1975, p. 77)

El sentimiento de felicidad que vivenció cuando supo que la familia del joven que le había encantado, pero de cuya fisonomía apenas se acordaba, había concretado el pedido de casamiento muestra la facilidad con la que se manifiestan los sentimientos de cariño y afecto por el futuro marido de un casamiento arreglado, independientemente de la convivencia.

La otra entrevista de Roy, por su parte, influenciada por la asimilación del romanticismo de los autores bengalíes y de las novelas y películas de Occidente, expresa un sentimiento apasionado de gran intensidad:

> Después de haber encontrado, por un breve instante, a aquel que sería mi futuro marido, cuando todos fuimos al cine, me quedé pensando en él constantemente. Mientras veía la película, me identificaba con la heroína e imaginaba lo que pasaba por su mente. Había por lo menos cinco personas entre nosotros, por eso no pude ver bien su rostro. Pensé que era muy lindo. Algo me dijo que él sería aquel con el que me casaría. Ese fue solo un sentimiento; como el destino, usted sabe.

El definitivo pedido de casamiento se efectivizó un mes después de ese primer encuentro, a la distancia, y la ceremonia fue pautada para tres semanas después. En el transcurso de ese período, ella vivenció todas las emociones que las jóvenes occidentales que se casan por amor acostumbran sentir. Esto se procesó, no obstante, en los canales preestablecidos por el arreglo matrimonial y sin que ella hubiera alcanzado a ver plenamente el rostro de su futuro marido. Y, sobre todo, sin que él supiera esto, ya que, avergonzada, ella esconde sus sentimientos inclusive a su familia (sería considerado indecoroso manifestarlos). De acuerdo con sus propias palabras:

> Mis días y mis noches no eran otra cosa que sueños repletos de su imagen. Él rápidamente adquirió los contornos del hombre ideal que yo había estado esperando [...]. Seguí pensando en él todo el tiempo y empecé a dejar de lado mis estudios y todo lo demás, inclusive los amigos. Continuamente me comportaba como si estuviera soñando despierta. De repente, ya no le encontré sentido a seguir mi carrera, por más que quisiera ser una profesora universitaria. Mis amigos empezaron a mofarse de mí, porque estaba demostrando todos los síntomas de una joven enamorada; y estaba enamorada. Exalté tanto mis sentimientos por ese marido mío desconocido que empecé a escribirle cartas de amor y a esconderlas debajo de la almohada. (Roy, 1975, p. 80-81)

La asimilación y reinterpretación, en ciertos casos, del romanticismo occidental a la realidad india, especialmente por las jóvenes de las castas más altas de los sectores urbanos, no tiene, por lo tanto, el carácter transgresor y subversivo propio de los amores domesticados. Esto porque domesticar el amor, de acuerdo con la terminología propuesta, no es amansarlo, volverlo dócil, sentido generalmente dado al término, sino utilizarlo, en su imprevisibilidad descontrolada y potencialmente subversiva, como fundamento indispensable para la obtención de relaciones amorosas gratificantes. Esto se revela tanto en la glorificación de amores adúlteros, secretos y marginados de la vida social, relatados anteriormente, como en la de amores que pretenden concretizarse en el ámbito de la vida conyugal, como abordaremos a continuación.

EL AMOR DOMESTICADO EN EL MUNDO DE LOS INDIVIDUOS

Amar y ser amado ¡oh que ventura!
Amar para toda la vida, un ideal
Pero en ese amor puede haber una tortura
Es no saber si se merece amor igual.

João Pinheiro, mi abuelo, a mi abuela Helena (1888).

EL AMOR COMO PRELUDIO AL CASAMIENTO

La concepción, propia del amor domesticado, de que la pasión amorosa es el preludio natural e indispensable para la vida conyugal se constituyó y desarrolló en un contexto bien específico: el de la cultura occidental posterior a la Edad Media. Ausente en sociedades donde se valoriza el amor disciplinado, esta subyace a la idea de que la unión matrimonial debe "brotar de una atracción personal, física, social y mental, de apariencia y temperamento" y aspirar "básicamente a la satisfacción individual" (Macfarlane, 1990, p. 326). Este punto de vista solo fue capaz de afirmarse como deseable cuando el culto y la exaltación del amor extraconyugal, característicos de los poemas de amor cortés[1] y de los expresados en *Tristán e Isolda*, fueron dejados atrás, la elección del cónyuge se tornó "un derecho del individuo" (Sarsby, 1983, p. 13), y la "pasión desgobernada una especie de promesa de felicidad" (Luhmann, 1991, p. 196). Por medio de esta idealización romántica de la "pasión desgobernada", la relación

---

1   El hecho de que el amor cortés sea extraconyugal no significa que maridos y esposas no puedan llegar a amarse, pero, sí, que el amor conyugal que nace con la convivencia de la pareja no es de la misma naturaleza que el amor que los trovadores ansiaban y exaltaban. Por eso, la afirmación de Sarsby, de que el "amor en el casamiento podía crecer dentro del casamiento arreglado" (1983, p. 30), no invalida la existencia de una brecha entre amor y casamiento al interior de la ideología del amor cortés.

conyugal puede ser puesta "por delante y por encima de los vínculos con los padres y los hermanos" (Macfarlane, 1990, p. 134).[2]

Las diferencias que separan el romanticismo al estilo occidental del existente en otros universos culturales no residen en la mayor o menor capacidad de las personas de estas sociedades de experimentar los sentimientos o emociones asociados al amor romántico, sino en la creencia predominante en Occidente de que la pasión amorosa, que surge aleatoria e incontrolablemente, puede ser domesticada y puesta al servicio del orden social. Se espera —e incluso se exige— que los enamorados se involucren en una pasión sobre la cual no tengan dominio, antes que se sumerjan en una relación amorosa estable y profunda. Esta glorificación de la pasión desgobernada, característica de los amores domesticados, sucede incluso cuando la unión de aquellos que se aman induce a romper con los patrones sociales o morales que puedan llegar a censurarla.[3] La indiscutible existencia de presiones sociales y familiares, que pretenden la formación de parejas vistas como adecuadas, no contraría esta tendencia, dado que tales presiones presuponen el reconocimiento de que la última palabra en la realización de los proyectos matrimoniales depende de los futuros cónyuges.[4] La posibilidad de sobreponer los intereses particulares a los compromisos familiares o grupales, abierta a aquellos que optan por el casamiento por amor, ha servido de estímulo para la difusión de este tipo de casamiento, en sociedades que entran en contacto con los valores occidentales.[5]

---

2   Sobre esta cuestión, ver también Goode (1959).

3   La idealización de la pasión desgobernada se consolidó en el continente europeo, sobre todo a mediados del siglo XVIII. Conforme resalta Luhmann, fue por esa época que se solidificó "la idea de que las pasiones son útiles, por muy desordenadamente que puedan surgir, siendo posible juzgarlas solo según sus consecuencias. A partir de 1760, aproximadamente, aumentó el número de novelas en las cuales los héroes presentan su *passion* como si se tratara de su naturaleza y rebelándose en nombre de esta contra las convenciones morales de la sociedad" (1991, p. 146).

4   Si los jóvenes no tuvieran el derecho de amar a quien quisieran, no sería necesario montar esquemas que aspiraran a dirigir su elección hacia los canales convencionales.

5   Conforme observa Sarsby, en algunas sociedades tribales africanas, los jóvenes que adoptan el estilo occidental de casamiento lo hacen motivados mucho más por el deseo de escapar a las obligaciones sociales y económicas impuestas por los lazos de parentesco que por la búsqueda de una realización personal (1983, p. 3-4). También entre los aborígenes de Mangrove, comunidad situada en una reserva indígena del territorio de Arnhem, Australia, el amor romántico pregonado por las películas de Hollywood fue acatado por los jóvenes, no tanto por su carácter sentimental (ver Berndt, 1976), sino, sobre todo, con el objetivo de subvertir las relaciones de poder existentes en la política de casamiento (Burbank, 1992, p. 5). Efectos análogos fueron observados por Little y Price (1967).

La idea de que la pasión amorosa puede ser domesticada y puesta al servicio del orden social fue expresada de forma dramática y paradigmática en *Romeo y Julieta*, de Shakespeare.

ROMEO Y JULIETA Y LA SUBVERSIÓN DOMESTICADA DEL AMOR

La pieza *Romeo y Julieta* de Shakespeare fue llevada a escena por primera vez en 1597.[6] Desde esa época hasta nuestros días, las acciones y emociones de estos dos enamorados han servido de referencia a todos los apasionados que necesitan afirmar su derecho a amar, a pesar de y contra los intereses y valores que se les contraponen. Diferentemente de los amores disciplinados, que no desafían las alianzas matrimoniales preestablecidas, lo que los une se caracteriza por la imprevisibilidad y la arbitrariedad. Julieta conoce a Romeo en un baile organizado por sus padres, con el fin de presentársela a París, el marido que le había sido designado por la familia.[7] Desde el primer instante, el amor entre ellos surge de una forma apasionada, intensa. El descubrimiento de que pertenecían a familias enemigas no los lleva a contemplar, ni por un momento, la posibilidad de renegar de su amor. Ambos se limitan solo a lamentar la existencia de este impedimento. Julieta, al exclamar: "¡Mi único amor, nacido de mi único odio! (Shakespeare, 1966, p. 272), y Romeo, al decir: "¿Es una Capuleto? ¡Oh, cara cuenta! Soy deudor de mi vida a mi adversario" (Shakespeare, 1966, p. 271). Para ellos, la fuerza del amor es tan poderosa que nada puede detenerla. De ahí lo dicho por Romeo:

> Con ligeras alas de amor franqueé estos muros, pues no hay cerca de piedra capaz de atajar el amor; y lo que el amor puede hacer, aquello el amor se atreve a intentar. Por tanto, tus parientes no me importan. (Shakespeare, 1966, p. 274)

Definiéndose ya no como Montesco y Capuleto, sino como individuos singulares que, ante todo, deben ser fieles al amor y a sí

---

6   Antes de *Romeo y Julieta* de Shakespeare, ya habían sido producidas otras versiones. Entre estas, las más conocidas son la de Luigi da Porto, publicada alrededor de 1530 —la primera en dar el nombre de Romeo y Julieta a los enamorados, que se aman a pesar de la enemistad que separa a sus familias, y en situar su historia en la ciudad de Verona— y la de Bandello, editada en 1554. Refusionada en la versión francesa de Boisteau y traducida en verso al inglés por Brooke, fue esta, probablemente, la que tuvo una influencia más directa sobre Shakespeare (*apud* Pennafort, 1940, p. 203)

7   Al enfrentarse a esa misma situación, y tener la oportunidad de conocer al marido que les había sido designado, las dos adolescentes bengalíes, anteriormente citadas, se apasionan disciplinadamente por ellos, y no por un joven desconocido o no deseado por la familia.

mismos, ellos no se sienten atados o vedados por pertenecer a dos familias enemigas.

> ¡Solo tu nombre es mi enemigo! ¡Porque tú eres tú mismo, seas o no Montesco! ¿Qué es Montesco? No es ni mano, ni pie, ni brazo, ni rostro, ni parte alguna que pertenezca a un hombre. ¡Oh, sea otro tu nombre! ¿Qué hay en tu nombre? Lo que llamamos rosa exhalaría el mismo grato perfume con cualquiera otra denominación! De igual modo Romeo, aunque Romeo no se llamara conservaría sin este título las raras perfecciones que atesora. ¡Romeo, rechaza este nombre; y, a cambio de ese nombre, que no forma parte de ti, tómame a mí toda entera!
> (Shakespeare, 1966, p. 274)

Ante tales exhortaciones de Julieta, Romeo responde:

> Te tomo tu palabra. Llámame solo "amor mío", y seré nuevamente bautizado. ¡Desde ahora mismo dejaré de ser Romeo!
> (Shakespeare, 1966, p. 274)

La desconsideración de sus respectivas identidades, Capuleto y Montesco, más allá de precursora del individualismo moral en el sentido dumontiano del término, anuncia, en la interpretación de Viveiros de Castro y Araújo, la valorización de las emociones y sentimientos íntimos en detrimento del desempeño de roles predeterminados.[8] El amor, de este modo, se une al cuerpo, al alma, al corazón y al yo individual, y se opone a la familia y al yo social. En ese contexto, "la relación padre/hijo (o familia/individuo) es nominal y arbitraria; la relación hombre/mujer es real y necesaria" (Viveiros de Castro; Araújo, 1977, p. 151). En esas circunstancias, las relaciones marcadas por las obligaciones sociales se clasifican como radicalmente opuestas a las gobernadas por la afectividad y por el amor, las cuales son pensadas como estrechamente ligadas a la espontaneidad, al destino y al azar.[9] La liberación de las obligaciones sociales y familiares se da, sin embargo, a costa de la sumisión a exigencias impuestas por el propio amor. La idea de que existiría, en el interior de los seres hu-

---

8   El contraste entre esa forma de pensar individualista y la predominante en la cultura india, dominada por valores holistas, se revela en la dificultad sentida por la mujer india de autoconcebirse como "una persona separada de sus roles". La mayoría de ellas jamás "consideraría la posibilidad de abandonar su rol(es) actual(es), lo que en la India significa abandonar la vida" (Roy, 1988, p. 141). Ella se revela también en la noción india de que "el individuo no es nada por sí mismo y que, consecuentemente, las características psicológicas específicas del individuo nunca son valorizadas" (Biardeau, 1989, p. 52).

9   Esa oposición entre las obligaciones sociales y la afectividad, presente en la trama de *Romeo y Julieta*, no debe generalizarse para otras épocas y lugares, conforme resaltan Viveiros de Castro y Araújo (1977, p. 132–138).

manos, una instancia que los coacciona a actuar independientemente de su voluntad no es contradictoria, como se podría pensar, con la noción moderna de individuo, ya que la subordinación incontrolable de los amantes a las determinaciones del amor "solo cobra sentido e inteligibilidad en un universo individualista" (Salem, 1992, p. 62).[10] Otro aspecto a ser destacado se refiere a la "simbiosis" de la pareja apasionada (Kakar; Ross, 1987, p. 27), la cual se concibe como un individuo dual, cada uno viéndose y sintiéndose como una parte del otro.[11]

La subversión domesticada del amor de Romeo y Julieta y su utilización en beneficio del orden social se evidencian en la superación de la situación de conflicto y discordia diseminada por la cual pasaba la ciudad de Verona hacia una de armonía y paz. Esta utilización de un amor imprevisible e incontrolable como factor de integración social se revela en el prólogo que el coro presenta en el inicio de la pieza:

> En la bella Verona, donde situamos nuestra escena dos familias iguales una y otra en abolengo, impulsadas por antiguos rencores desencadenan nuevos disturbios en los que la sangre ciudadana tiñe ciudadanas manos. De la entraña fatal de estos dos enemigos cobraron vida bajo contraria estrella dos amantes, cuya desventura y lastimoso término entierra con su muerte la lucha de sus progenitores. Los trágicos pasajes de su amor, sellado con la muerte y la constante saña de sus padres, que nada pudo aplacar sino el fin de sus hijos, va a ser durante dos horas el asunto de nuestra representación. Si la escucháis con atención benévola, procuraremos enmendar con nuestro celo las faltas que hubiere. (Shakespeare, 1966 p. 259)

Ella se expresa también en las palabras dichas por el príncipe en los momentos finales:

> ¡Capuleto! ¡Montesco! ¡Mirad qué castigo ha caído sobre vuestros odios! ¡Los celos han hallado modo de destruir vuestras alegrías por medio del amor!
> (Shakespeare, 1966, p. 310)

La relevancia dada a la paz que se instaura entre las casas litigantes, inducida por el amor que sepultó el odio en la muerte, contrasta con el modelo por el cual la relación entre amor y muerte es pensada en *Layla y Majnún* y en *Tristán e Isolda*, a pesar de que el destino final de los amantes sea el mismo: el de morir abrazados. Mientras la

---

10 De acuerdo con Gauchet y Swain, "la historia de la individualización es, por otro lado y necesariamente, la historia de una desposesión o de una destitución subjetiva" (*apud* Salem, 1992, p. 71).

11 El término "simbiosis", empleado por Kakar y Ross, es utilizado también por Salem (1989), en su análisis de las peculiaridades del amor vivido por la pareja igualitaria.

muerte de Romeo y Julieta es sentida como injusta y cruel, inducida por la discordia entre las familias, Layla y Majnún desfallecen y expiran, suavemente, como consecuencia de un anhelo amoroso insatisfecho. En cambio, en *Tristán e Isolda*, en el enfrentamiento entre el amor y los valores sociales, ninguno se sobrepone al otro. Ambos son idealizados y glorificados. Gracias al artificio del filtro, se preservan, simultáneamente, la rebeldía y la sumisión, el deseo de liberación y el de encuadrarse en los valores traicionados.

Para Kakar y Ross, no obstante, la pacificación de la ciudad de Verona, en lugar de ser vista como el efecto de un amor tan fuerte que se vuelve capaz de reírse de toda muralla y barrera y de transponerlas, es vista como una terrorífica ironía, derivada de la oportuna utilización de la muerte de los dos amantes por el bienintencionado Fray Lorenzo con el fin de establecer la paz entre las familias litigantes. Considerar la consolidación del poder de Escalo, Príncipe de Verona, y la reconciliación de las familias Montesco y Capuleto como una situación irónica y periférica a la trama central, como lo hacen Kakar y Ross, presupone, sin embargo, olvidar el hecho de que la narración se inicia con la mención de la discordia entre las familias y termina con la reafirmación de la paz. Tal menoscabo se justifica en la medida en que el foco de dicho análisis se concentra, ante todo, en la "salvaje, mortal y opresiva pasión florecida en el corazón de esos dos suaves amantes". Es ese amor feroz, camuflado por la "idealización cultural de la ternura y de la mutua adoración" (1987, p. 37), el que otorgaría a *Romeo y Julieta* un atractivo secreto y trascendente.

La percepción del amor apasionado como salvaje, indomable, y antisocial refleja, sin embargo, una visión del mundo propia de las sociedades holistas, análogas a la Verona aristocrática, que valoran los amores disciplinados.[12] En sociedades dominadas por una visión individualista de la vida social, muy por el contrario, se valorizan las "razones de Estado en el campo del poder, el lucro en el campo de la propiedad/dinero[13] o la pasión casi enfermiza en el campo del amor",

---

12   La descripción hecha por Tocqueville de los valores propios de las sociedades aristocráticas, holistas, evidencia la incompatibilidad de esos valores con la ideología individualista: "los hombres que viven en los siglos aristocráticos casi siempre están ligados, de manera estrecha, a algo que está situado fuera de ellos, y muchas veces se muestran dispuestos a olvidarse de sí mismos. Es verdad que, en aquellos mismos siglos, la noción general de semejante es oscura y que casi no se piensa en dedicarse a la causa de la humanidad; sino que muchas veces se sacrifica a ciertos hombres" (1987, p. 386–387).

13   El análisis hecho por Dumont (1977) de *La fábula de las abejas*, de Mandeville, cuyo subtítulo relaciona el vicio privado con el beneficio público, puede ser aplicada, a mi entender, a la comprensión de la legitimación de las transgresiones hechas en nombre del amor en sociedades individualistas.

a pesar de que ellas traen "consigo connotaciones *asociales*, en todo caso metamorales" (Luhmann, 1991, p. 37).[14]

La transformación de Romeo y Julieta en figuras míticas del amor romántico no significa que Shakespeare, cuya genialidad es innegable, haya sido el "inventor no anunciado del amor moderno" (Macfarlane, 1990, p. 197), sobre todo en lo que respecta a Inglaterra, nación donde el casamiento por amor fue adoptado e institucionalizado mucho antes que en los países de la Europa continental. Inclusive en una época tan remota como el siglo XIII, la idea de que "el corazón y la mente se imponían sobre los lazos de sangre" (Macfarlane, 1990, p. 194), ya estaba presente en Inglaterra. En un caso específico de litigio matrimonial, la corte eclesiástica de York, encargada de juzgar la causa, recusó, en 1407, el pedido de anulación del casamiento de Agnes Nakerer y John Ken, hecho contra la voluntad de los padres, confirmando su validez (Macfarlane, 1990, p. 218). Fue en Inglaterra también que los valores del individualismo se desarrollaron más precozmente. En la segunda mitad del siglo XVI, la creencia de que "si los corazones no están juntos ni los une el afecto, este no es un verdadero casamiento, sino una apariencia de casamiento" (Flandrin, 1986, p. 162) ya estaba bien consolidada en Inglaterra. La valorización y la institucionalización del casamiento por amor fueron reforzadas por la transposición, para el matrimonio, de la noción de predestinación, tan fuerte en las religiones protestantes. Visto desde ese ángulo, los enamorados que se apasionan aleatoriamente no lo hacen por mero azar, sino por estar predestinados a unirse por el casamiento.

El contraste entre las costumbres y hábitos matrimoniales ingleses y los adoptados en Francia se evidencia en la consideración hecha por Montaigne —diecisiete años antes de la primera publicación de *Romeo y Julieta*— de que "un buen matrimonio, si es que existe, rechaza la compañía y las condiciones del amor" (1979, p. 66). Un siglo después, François de La Rochefoucauld contrasta la costumbre de los cónyuges ingleses de estar siempre juntos en sus actividades sociales con la de los parisinos, que consideraban ridículo salir siempre acompañado de la esposa (Flandrin, 1986, p. 164).[15] Fue solamente a partir de fines del siglo XVIII que la "moda" del amor conyugal,

---

14   Esa correlación es enfatizada también por Viveiros de Castro y Araújo: "tanto la razón de Estado de Maquiavelo, como la sinrazón amorosa se alejan de la razón social tradicional, holística" (1977, p. 164).

15   La Rochefoucauld vivió durante el siglo XVII. *Máximas y Reflexiones*, una de sus obras más conocidas, fue publicada en 1665. Por lo tanto, la fecha en que fueron hechas sus consideraciones no puede haber sido la mencionada en la traducción al portugués del texto de Jean-Louis Flandrin: 1784. Tal equívoco deriva, probablemente, de un error de la edición en portugués.

proveniente de la literatura inglesa, se insinuó entre la elite francesa. No obstante, esta "moda", considerada una anglomanía, llegó a disputar y amenazar la prevalencia del amor–pasión mucho más tarde,[16] sobre todo en lo que respecta a los sectores más elevados de la sociedad, en los cuales los casamientos arreglados continuaron persistiendo hasta las primeras décadas del siglo pasado.[17] La resistencia francesa a la absorción del romanticismo a la inglesa se revela en la concepción de Stendhal, expresada en su libro *Del amor*,[18] publicado en 1822, de que la "cristalización" —proceso por medio del cual se atribuyen perfecciones imaginarias y quiméricas a la persona amada—,[19] indispensable, a su entender, para el surgimiento y mantenimiento de la pasión amorosa, solo se sostiene fuera de los lazos matrimoniales.[20] La creencia en la inevitable incompatibilidad entre

16   Luhmann, refiriéndose a la Francia de esa época, destaca el hecho de que solo la conquista de mujeres casadas ennoblecía. Seducir a las solteras "contribuiría muy poco para la gloria del héroe" (1990, p. 59). Tales ideas, propias del amor cortés y del amor–pasión, aún estaban presentes en la Rusia del siglo XIX. Tomando como referencia la novela *Ana Karenina*, de Tolstói, se percibe, fácilmente, que las emociones sentidas por el Conde Wronski, luego de su primera declaración de amor a Ana, no fueron de tristeza y amargura, por estar viviendo un amor adúltero y, como tal, prohibido y peligroso, sino "de felicidad y de orgullo" (Tolstói, 1971, p. 106). Estas emociones, aparentemente paradójicas por implicar el placer de sentir un amor infeliz, aliado al orgullo en amar a una mujer prohibida, son aclaradas en el desarrollo de la trama, cuando se dice que Wronski sabía muy bien que "el rol de enamorado infeliz de una doncella o de una mujer libre puede parecer ridículo, pero el de un hombre (joven y soltero) que persigue a una mujer casada y que todo lo arriesga para seducirla tiene algo de bello y grandioso" (Tolstói, 1971, p. 128). Sumado a esto, la "alta posición del marido puesto en jaque" daba al caso una importancia todavía mayor (Tolstói, 1971, p. 168). La ruptura de los lazos conyugales por parte de Ana y su consecuente unión con Wronski, asumida públicamente, sobrepasó los canales propicios para el amor–pasión, que jamás desafía o pone en jaque los lazos conyugales. La idea de que solamente la conquista de mujeres casadas con hombres de la alta jerarquía social ennoblece y que la seducción de la solteras no tiene valor está presente, también, en las acciones del Vizconde de Valmont, en *Las relaciones peligrosas*, de Choderlos de Laclos.

17   Ver Trevelyan (1948 *apud* Macfarlane, 1990, p. 337).

18   En ese libro, Stendhal busca comprender de qué manera las pasiones invaden el corazón de los hombres, cuáles son los elementos necesarios para su persistencia y cuáles provocarían su ocaso. Para ilustrar ese proceso, crea dos personajes. Ernestine y Philippe Astézan, cuya historia termina, sin mayores preámbulos, con la siguiente consideración: "al año siguiente, la casaron con un viejo teniente general, riquísimo, caballero de varias órdenes" (1993, p. 315).

19   Stendhal denomina "cristalización a la operación del espíritu que extrae de todo lo que se presenta el descubrimiento de que el objeto amado tiene nuevas perfecciones" (1993, p. 6). Es por eso que "a partir del momento en que ama, el hombre más sabio no ve ningún objeto tal como es" (1993, p. 22).

20   O, dicho en otros términos, "si la mujer se entregara daría el mayor placer físi-

amor y casamiento aún era corriente entre varios autores franceses a mediados del siglo XX. Para Rougemont, por ejemplo, el *happy end* de las películas románticas de Hollywood sería solo una forma ingenua de escamotear el hecho de que la mujer amada con pasión, "es la mujer–de–la–cual–estamos–separados: al poseerla la perdemos" (1988, p. 199). La aseveración, formulada por Nelli, de que el derecho de las personas jóvenes a casarse con quien quieran crea "condiciones bastante favorables al amor natural y a la procreación, pero muy desfavorables para la pasión" (1975, p. 129), ilustra igualmente las diferencias entre el contexto francés y el inglés, en lo que respecta a la prioridad dada a la relación conyugal.[21]

La doble domesticación del amor en *Pamela*

La subversión domesticada del amor en *Romeo y Julieta* se procesa dentro de los límites impuestos por las fronteras que separan las clases sociales. Con el ascenso político–económico de la burguesía, esta limitación fue dejada atrás. La novela *Pamela: or virtue rewarded* (*Pamela, o la virtud recompensada*), de Samuel Richardson, cuyos personajes centrales se unen a pesar de las diferencias de clase, se constituye en un marco referencial de ese cambio. Desde que fue publicada, en 1740, su difusión entre los lectores de lengua inglesa fue extraordinaria, siendo reeditada cinco veces en apenas un año. Luego, traducida a diversas lenguas europeas y transformada en obras teatrales y en ópera, pudo verse la expansión de su fama por toda Europa. Su popularidad fue tan expresiva que elegantes mujeres de la alta sociedad acostumbraban a usar abanicos decorados con las escenas más apreciadas.[22]

---

co posible; sin embargo el amor no tardaría en terminar, por falta de qué imaginar. Será necesario, para que él se prolongue, que nazca la duda, que haya frustración y así, en la alternancia de miedos y esperanzas, de fracasos y éxitos, es que irán ocurriendo sucesivas cristalizaciones, que dan secuencia al amor apasionado" (Ribeiro, 1993, p. 421).

21   Wolfram disiente de aplicar, a Inglaterra, la interpretación de Lévi-Strauss (1976a, p. 30) de que el casamiento debe ser considerado como un trueque-dádiva, por medio del cual se establecen relaciones de alianza entre las familias de los cónyuges. Según él, existen diferencia entre el contexto francés y el inglés, en lo que respecta a la prioridad dada a la relación conyugal, ya que el casamiento inglés "nunca fue tradicionalmente una alianza, en el sentido en que ella es descripta para los sistemas de alianza en el *corpus* de la antropología. El casamiento crea una relación entre los parientes de ambos lados, interconectándolos a unos con otros, pero el casamiento no consiste en esa alianza. Consiste en la unión de los esposos" (Wolfram, 1987, p. 16–17 *apud* Strathern, 1992, p. 79).

22   Ver Kinkead-Weeks, Senior Lecturer en Literatura Inglesa de la Universidad de Kent (1973, p. 70).

El hecho de que su autor, al igual que Shakespeare, también sea inglés no es una mera casualidad. En Inglaterra, a diferencia de la mayoría de los países europeos, las relaciones entre la aristocracia y las clases sociales burguesas nunca fueron demasiado rígidas. Tocqueville resalta este aspecto al constatar, en su clásico estudio, *El Antiguo Régimen y la Revolución*, que "en todos los lugares donde el sistema feudal se estableció en el continente europeo terminó en casta, excepto en Inglaterra", donde "los nobles y los plebeyos se juntaban para hacer los mismos negocios, elegían las mismas profesiones y, lo que es mucho más significativo, se casaban entre ellos" (1989, p. 109). En el caso específico de Francia, el aislamiento matrimonial de la aristocracia, muy acentuado en el período anterior a la Revolución, aún se mantuvo, de cierta forma, en el período posrevolucionario: familias antiguas y modernas que aparentemente se confunden en todo aún evitan lo más posible mezclarse por el casamiento" (1989, p. 110). Se entiende, así, tanto la prevalencia del código de amor–pasión en Francia, como el predominio del romántico en Inglaterra y en los Estados Unidos.[23]

La domesticación del amor, en *Pamela*, sucede doblemente, visto que actúa no solo como principio de selección conyugal, sino también como elemento propulsor de la domesticación de la virilidad masculina y de su adaptación a relaciones conyugales estables, vividas en el ámbito doméstico, en un ambiente de intimidad cotidiana.[24] La domesticación de la agresividad viril por medio del amor, vehiculada en Pamela, revela una noción que ya se encontraba presente en el imaginario de esa época. En la escultura *El león enamorado (Le lion amoureux)*, del belga Guillaume Geefs, de enorme suceso en la Gran Exposición del Palacio de Cristal, realizada en París en 1851, un león deja placenteramente que una joven, sentada sobre su dorso, le corte las uñas. En la interpretación de Peter Gay, esa escultura

---

23   Las diferencias entre el contexto cultural francés y el norteamericano se evidencian, según la visión crítica de Rougemont, en relación a la enorme importancia dada, en los Estados Unidos, al amor romántico. En su opinión, ninguna otra nación "intentó con tanta ingenuidad y temeridad la peligrosa aventura de hacer coincidir el casamiento y el amor, así entendido, y basar el primero en el segundo" (1988, p. 204). Goode, por su parte, yendo más allá, cree que el amor romántico, tal como se expresa en la sociedad norteamericana y en las situadas en el nordeste europeo, no existiría en otras sociedades, tales como la italiana, la rusa, la húngara, la polaca, la española, y las latinoamericanas. Francia, curiosamente, no está incluida en ninguno de los dos casos citados (1959a, p. 42 y 1959b, p. 542).

24   Conforme observa Giddens, en el amor romántico "la heroína amansa, suaviza y modifica la masculinidad supuestamente intratable de su objeto amado, posibilitando que el afecto mutuo se transforme en la principal directriz de sus vidas juntos" (1993, p. 57).

ilustra de forma paradigmática el amor burgués. En ella, "el monarca de la selva, la corporeización de la potencia sexual bruta, se somete de buen grado a la belleza, que evoca el decoro, la delicadeza y la ternura, para vivir feliz, presumiblemente bajo el yugo suave del matrimonio" (1990, p. 361). La repetición de este tema, en 1858, por parte de Abraham Salomon, de la Royal Academy de Londres, en una jocosa pintura titulada *El león enamorado (The lion in love)*, en la cual un hombre de atuendo militar intenta enhebrar una aguja, mientras la mujer lo observa cariñosamente expresa, de igual modo, el poder del amor conyugal. Litografías análogas fueron publicadas en Alemania, alrededor de 1850. Una de ellas, anónima, fue denominada *Capturado y domado* (Gay, 1990, p. 357).[25]

Pamela forma parte de un género literario, la novela epistolar, desarrollado a lo largo del siglo XVIII. *Las relaciones peligrosas* de Choderlos de Laclos, las *Cartas Persas*, de Montesquieu, y *Los sufrimientos del joven Werther*, de Goethe, expresan la fuerza de esta tendencia. En *Pamela*, la narración, fundamentada en cartas escritas y recibidas por ella y en algunos trechos de su diario, evidencia su visión personal sobre los acontecimientos, no solo por ser ella quien describe los diálogos que mantiene con los otros personajes de la historia, sino también por ser quien señala e interpreta los sentimientos de cada uno de ellos, tanto en los diálogos como en las cartas recibidas. Los designios de Mr. B,[26] el héroe (si se lo puede llamar así, pues su intención es seducir a Pamela por todos los medios disponibles), solo pueden ser inferidos a partir de la descripción que la joven presenta de tales eventos.

La narración comienza con la muerte de la madre de Mr. B, denominada Lady, que había promovido a Pamela, una simple criada, a una posición más elevada de la que le correspondería. Además de darle un tratamiento especial, Lady había estimulado a Pamela a escribir, hacer cálculos y a convertirse en una hábil costurera. Acostumbrada a vestirse con las finas ropas que recibía de Lady, Pamela tenía también maneras apropiadas a tal situación ambigua. Con la muerte de

---

25   El aspecto benéfico de la domesticación de la virilidad masculina, inducida por el amor romántico, contrasta marcadamente con la concepción de que el amor apasionado del Rey Dasaratha, padre de Rama, por una de sus mujeres, Kaikeyi, sería pernicioso. El carácter perjudicial y destructivo de ese amor fue reconocido por él mismo, al exclamar: "¡maldición para mí, cruel naturaleza impotente, de poco vigor, hombre subyugado por la mujer e incapaz de exaltarse por la cólera, sin energía, sin alma!" (*Ramayana*, adaptación de Schwab, 1993, p. 41).

26   Es ese el nombre dado por Richardson al personaje masculino que, juntamente con su madre, llamada apenas Lady, no son identificados por el apellido o nombre de la familia.

la señora, es el hijo, Mr. B, quien pasa a ser su señor. A partir de esa posición de poder, comienza a asediarla sexualmente. En ese contexto, el deseo sexual masculino precede la manifestación de emociones más tiernas y refinadas. Frente a esta situación, Pamela se siente fuertemente amenazada. El carácter temible de la sexualidad agresiva de Mr. B no proviene, sin embargo, solo de la forma coactiva con la que se manifiesta, sino también del placer sentido por Pamela, aunque jamás admitido conscientemente, de ser abrazada y besada por Mr. B. Las constantes y reiteradas negativas a ese placer lo desvelan, dado que es por la negación, como observa Freud en *Die Verneinung*, que el deseo reprimido se manifiesta a la consciencia.[27] Esta "hipocresía inconsciente", perceptible en los textos escritos por la protagonista,[28] se manifiesta también en el autor–escritor. A despecho de que Richardson haya elaborado una novela repleta de escenas de cuño sexual y de consideraciones eróticas subliminales, el objetivo que asume, explícitamente, tanto en el subtítulo como en el prefacio, es el de la exaltación de la virtud y de la pureza. La lectura de Pamela, sin embargo, permite inferir que "el elemento central de la fantasía de Richardson" se concentra en el hecho de que "Pamela, a pesar de todo el miedo, aprecia los elementos hostiles e inclusive agresivos de la sexualidad de Mr. B" (Leites, 1984, p. 239).

La posibilidad abierta al lector de diferenciar las emociones conscientes de Pamela, ligadas a sus recelos, a su angustia y a su fe en la virtud, y las inconscientes, vinculadas al placer de ser deseada, abrazada y besada por Mr. B, es propiciada, en gran medida, por el estilo epistolar e intimista de la narración.[29] Debido a este artificio,

---

27 El término *Verneinung* (negativa) tiene un doble significado, distinguible en francés, aunque no en portugués: el de *negation*, en el sentido lógico y gramatical, y el de *denegation*, en el sentido psicológico (Theves; This, 1982, p. 7).

28 La hipocresía inconsciente se asemeja a la mala fe, en la terminología sartreana. Ambas se ligan a una consciencia que se autoengaña, sin darse cuenta de esto. Es por esa razón que el mentirse a sí mismo de la hipocresía inconsciente y de la mala fe implican la unidad de la consciencia, mientras la mentira, propiamente dicha, presupone la dualidad, ya que ella presupone el conocimiento de la verdad que se desea encubrir: "no se miente sobre lo que se ignora" (Sartre, 1977, p. 93).

29 Usando la misma estrategia, en *Las relaciones peligrosas*, Choderlos de Laclos posibilita al lector (tanto al personaje lector a quien la carta se dirige como al propio lector de la novela) darse cuenta de emociones inconscientes para el propio misivista. Sin embargo, de forma inversa a lo que sucede en *Pamela*, en *Las relaciones peligrosas*, la hipocresía inconsciente deriva del deseo de ser deliberadamente falso y cínico, y no de una pretendida virtud. La pasión por la Sra. de Tourvel, simulada por el Vizconde de Valmont a fin de conquistarla, se transforma, inadvertidamente, en una pasión real, que él vierte de tal forma en sus cartas a la Marquesa de Merteuil que ella la capta plenamente, contrariamente a lo que el propio Vizconde de Valmont cree y busca ostentar.

Richardson puede, al mismo tiempo, afirmar y negar los deseos y los placeres de cuño sexual de su personaje. El lector que, por su parte, no se permitiría disfrutarlos abiertamente, puede usufructuarlos sin sentirse connivente. La novela epistolar, como señala Luhmann, logra que "lo incomunicable se convierta en conocimiento, sin que tenga que pasar por la vía de la comunicación" (1985, p. 136). La ambigua reacción despertada por *Pamela* en el público proviene de esa dualidad. Si para la mayoría de sus intérpretes, la narración sobre las adversidades vividas por Pamela podría ser considerada como el epítome de la moralidad,[30] para algunos otros, ella sería el prototipo de la inmoralidad licenciosa. De cualquier forma, la imagen romantizada de Pamela no deja de ser la de una mujer que se apasiona y se casa por amor y, al mismo tiempo, "vive hasta el casamiento sin ninguna consciencia sexual" (Luhmann, 1991, p. 167).

La primera vez que Mr. B intenta abrazar y besar a Pamela, ella, espantada y asustada, lo rechaza y lo acusa de estar denigrándola no solo a ella, sino también a sí mismo, por actuar de forma inadecuada para un señor. Ella también afirma su inquebrantable integridad moral diciéndole: "si usted fuera un príncipe no sería de otro modo" (Richardson, 1962, p. 12). Reaccionando furioso ante esa actitud, Mr. B, que le había prometido beneficios económicos, la trata de tonta y la recrimina por no ceder a sus deseos. A pesar de su tierna edad, apenas quince años, y de su doble fragilidad —como mujer y como criada—, ella resiste firmemente a sus innumerables y reiterados intentos de seducción.[31] La fuerza de su inocencia y virtud construye una barrera infranqueable para tales intentos. Aun así, estos persisten y se manifiestan en varias ocasiones. En una de estas, Mr. B, escondido en el *closet*, espera que ella se cambie de ropa y se acueste, a fin de abordarla. En la descripción que Pamela hace de este episodio, se puede percibir, sin embargo, que, incluso asustada, no deja de observar la belleza de la bata usada por Mr. B:

---

30 La lectura de *Pamela* llegó a ser recomendada por algunos pastores desde el púlpito.

31 Las actitudes adoptadas por Mr. B en sus intentos de seducir a Pamela se diferencian, notoriamente, de las adoptadas en *Don Juan* de Gabriel Tellez. Seed, para quien, "las seducciones suceden a través de códigos culturalmente prescriptos" (1994, p. 7), la diferencia en dos puntos centrales. Uno de ellos se refiere a la renuncia de los hombres angloamericanos a reconocer su vulnerabilidad y dependencia emocional en relación a las mujeres, mientras que los españoles la aceptan y adoptan abiertamente. El otro se refiere a la propuesta de casamiento. Si "en la ficción romántica angloamericana la oferta de casamiento es usualmente un estadio final del noviazgo, en *Don Juan*, y para los donjuanes, la promesa de casamiento [muchas veces engañosa] es solo el paso inicial, la precondición necesaria para iniciar la seducción" (1994, p. 36-37).

> Me quité mi corsé, y mis medias, y todas mis ropas, excepto las
> íntimas; entonces oyendo un ruido en el *closet* nuevamente, "¡Cie-
> los, protéjanme! Pero antes de decir mis plegarias debo mirar
> dentro de ese *closet*" Y entonces estaba yendo a echar un vista-
> zo, cuando, ¡Oh, terrible! mi señor salió precipitadamente en una
> suntuosa bata de seda plateada". (Richardson, 1962, p. 49)

Debido a los constantes asedios de Mr. B, Pamela decide retornar a la casa de sus padres. Al saber de esta decisión, él le pide que
permanezca al menos por algún tiempo más y, olvidando su orgullo,
le dice: "Usted es demasiado inteligente para no descubrir que, a
despecho de mi corazón y de todo el orgullo que hay en él, no puedo
sino amarla. ¡Míreme, mi dulce niña! Debo decirle que la amo" (Richardson, 1962, p. 69).

A estas palabras le sigue la confesión explícita de "amarla hasta la
extravagancia" (Richardson, 1962, p. 69). A pesar de sentirse estremecida ante tal inusitada e inesperada manifestación de amor, ella
persiste en su determinación de retornar a la casa de sus padres y le
ruega no continuar tentando a "una pobre criatura que sería de él,
si su virtud lo permitiera" (Richardson, 1962, p. 70). Cambiando de
estrategia, Mr. B ordena al cochero que la lleve hasta la casa de sus
padres, dándole la impresión de que habría concordado con su decisión. Sin embargo, su verdadera intención, ya propuesta al cochero
con anterioridad, es raptarla, y encerrarla en una remota casa de su
propiedad situada en Lincolnshire. A fin de disculparse y justificar
esta drástica actitud, le escribe una carta, en la cual declara que fue
la pasión que alimentaba por ella, aliada a su obstinada negativa en
aceptarlo, las que lo obligaron a actuar de esa forma. Declara, también, que no tiene intención de causarle ningún mal. La casa hacia
la cual está siendo llevada será como de su propiedad, de tal forma
"que incluso él mismo no entrará en ella a no ser con su permiso"
(Richardson, 1962, p. 88).

Este encierro se extiende por un período de cuarenta días. La coincidencia entre los días de encierro, consternación y sometimiento a
distintas pruebas padecidos por Pamela —durante los cuales Mr. B
intenta seducirla, sea por medio de actitudes violentas y amenazadoras, cercanas al estupro, o por gestos tiernos y delicados— y los
días pasados por Cristo en el desierto sugiere, en la interpretación
de Kinkead-Weekes, un mensaje de "crecimiento espiritual a través
de la prueba y de la tentación" (1973, p. 34).

En los primeros días de cautiverio, Mr. B no impone su presencia. Manteniéndose fiel a lo que le había prometido, el décimo día
luego del rapto, le solicita permiso para verla, asegurándole que no
habría motivos para temores, ya que estaría protegida en su honor.

Le dice, también, que está esperando, con ansiedad, una respuesta favorable al "fervoroso pedido de alguien que no puede vivir sin usted" (Richardson, 1962, p. 115). Pamela responde que, debido a que su inocencia le es muy preciada, será franca e, incluso, indelicada y le recordará que, si sus intenciones fueran realmente honradas, podría haberlas mencionado y no necesitaría estar manteniéndola prisionera. Para terminar, se suscribe como "su intensamente oprimida, infeliz criada" (Richardson, 1962, p. 121).

La actitud de Mr. B, inicialmente respetuosa y condescendiente, no se mantiene por mucho tiempo. Después de haber descubierto los planes de fuga que ella había forjado con la ayuda de Mr. Williams, el Pastor, le escribe indignado porque ella, que había renegado de su presencia y compañía, haya contemplado huir con un extraño. Acusándola de hipócrita por esconder, bajo el velo de la inocencia, designios pérfidos, se dice arrepentido de haberla respetado, amado y honrado, más allá de lo que se merecía, sin tomar en cuenta su orgullo y la diferencia de condición entre los dos. Sintiéndose liberado de la promesa de no verla sin su permiso, afirma su intención de ir a su encuentro en los próximos días, suscribiéndose como "un hombre que una vez fue su amigo afectuoso y gentil" (Richardson, 1962, p. 143).

Tras su llegada a Lincolnshire, al trigésimo día del encierro de Pamela, manda a llamarla, y dirigiéndose a ella con un "aire majestuoso" —es esa la forma como ella lo ve—, la llama "perversa e ingrata fugitiva" (Richardson, 1962, p. 159). Seguidamente, se suceden varias situaciones en las cuales él la agrede verbalmente, la besa, la abraza y, ante sus reiterados rechazos, la amenaza con nuevas investidas. En una de estas ocasiones, le advierte diciendo: "considere dónde está y no se haga la tonta, si lo hace, destinos más temibles de lo que espera le aguardan" (Richardson, 1962, p. 178). En la noche del trigésimo noveno día, ella se enfrenta a "la peor amenaza y el más amenazador peligro" (Richardson, 1962, p. 174). Después de haberse acostado, Mr. B se acerca sigilosamente y la abraza, diciéndole: "¡Usted está en mi poder!¡No puede escapar de mí, ni ayudarse a sí misma!". A continuación, ella relata, "él puso su mano en mi seno. Aterrorizada y luchando, me desmayé" (Richardson, 1962, p. 179). Al retornar a la consciencia, viéndolo sentado en su cama de toga y sandalias, se siente aterrorizada, se levanta súbitamente, sin preocuparse por su apariencia, y le pregunta qué sucedió mientras estaba desmayada. Él le revela, entonces, que desistió de forzarla a aceptarlo contra su voluntad, le pide perdón, besa su mano y se retira. Posteriormente, le dice que actuó así, porque el miedo de que el desmayo la llevase a la muerte, le hizo percibir que la ama "por encima de todas las de su sexo, y que no puede vivir sin ella" (Richardson, 1962, p. 181).

Al día siguiente, asumiendo una actitud conciliadora y tierna y asegurándole que no intentaría coaccionarla nuevamente, la lleva a pasear por el jardín. Con los brazos alrededor de su cintura, no cesa de cortejarla haciéndola sentirse orgullosa de sí misma. No obstante, ella continúa amedrentada, sobre todo, por haberlo oído decir que intentaría conquistarla nuevamente, solo que, esta vez, con cariño en lugar de amenazas. La salida de ese círculo vicioso, en él que momentos de ternura se suceden a otros agresivos, sucede solamente luego de que Mr. B leyera el diario de Pamela, sin que ella lo supiera, y se conmoviera con el relato de sus miedos y sufrimientos. Arrepentido por haberle causado tanto mal, le promete redimirse, sin tomar en cuenta opiniones ajenas o censuras que podrían incidir sobre sus acciones.[32] Por no considerarse merecedora de tal honor y por temer ser engañada nuevamente, le pide que la deje retornar a la casa de sus padres. Indignado por haber sido despreciado en el momento en que se mostraba tierno y arrepentido, ordena que ella salga de su presencia y de la casa. Habiendo obtenido el permiso de retornar junto a sus padres, objetivo tan intensamente anhelado, Pamela reconoce, con asombro, sentirse renuente a hacerlo. Al reflexionar sobre lo que podría estar sucediendo en su contradictorio e ingobernable corazón, compara esa aflicción tan inesperada a la vivida por los israelitas que sintieron "falta de las cebollas y los ajos de Egipto, donde habían sufrido una esclavitud opresiva análoga" (Richardson, 1962, p. 217).

Después de la partida de Pamela, Mr. B se arrepiente de haberla echado. Por medio de un mensajero veloz, le envía una carta, en la cual le dice que la fuerza moral que se evidencia en la lectura de su diario lo indujo a "desafiar todas las censuras del mundo, y hacer de ella su esposa" (Richardson, 1962, p. 219). Al leer la carta con el pedido de casamiento, ella reconoce, por primera vez, tener el corazón pleno de amor por él. El amor la habría alcanzado sin que ella supiera cómo vino, ni cuándo comenzó: "se deslizó sobre mí como un ladrón antes de que supiera lo que estaba sucediendo" (Richardson, 1962, p. 220).

Desde ese momento en adelante, los insistentes besos de Mr. B, consagrados por la promesa de casamiento, ya no la intimidan. Su única preocupación se relaciona con la posibilidad de que alguien los vea en tal intimidad. En la descripción que ella hace del paseo en carruaje esto aparece claramente:

---

32   La regeneración de Mr. B, tras la lectura del diario de Pamela, más allá de evidenciar la domesticación de la agresividad viril por medio de la influencia benéfica de las mujeres virtuosas, revela simultáneamente la noción de que los hombres pueden "ser menos que virtuosos y aun así ser hombres íntegros" (Leites, 1984, p. 247).

> En verdad, la primera vez que salimos, él me besó de más; y yo estaba recelosa de que Robin [el cochero] mirara hacia atrás y de que las personas nos estuvieran viendo, al pasar; pero él estaba excesivamente gentil conmigo, inclusive en sus palabras. (Richardson, 1962, p. 232)

Los aspectos aparentemente contradictorios de tales actitudes de Pamela en relación a la sexualidad se disipan cuando se toma en cuenta el hecho de que el amor romántico, cuyo fin último es el casamiento, "presume una comunicación psíquica, un encuentro de almas que tiene un carácter reparador" (Giddens, 1993, p. 56). En la noche de bodas, la sexualidad agresiva de Mr. B, que lo tornaba vil, perverso y despreciable, se transfigura en actitudes puras, castas, y dulces, que disipan los temores de Pamela y le traen felicidad:

> ¡Él tuvo compasión por la fragilidad de mi espíritu, se compadeció de mis pequeñas debilidades y se empeñó en disipar mis miedos; sus palabras eran tan puras, sus ideas tan castas, y todo su comportamiento tan decentemente dulce, que jamás, ciertamente, hubo una criatura tan feliz como su Pamela! (Richardson, 1962, p. 316)

Una vez decidido el casamiento, la joven pareja busca obtener la aprobación de los parientes, amigos y vecinos de Mr. B. Este proceso se inicia con motivo del noviazgo, con la llegada de la hermana de Mr. B, Lady Davers, contraria a la idea del casamiento. La calificación de Pamela como futura esposa de un *gentleman* se basará, sobre todo, en sus excepcionales cualidades morales, que la hicieron merecedora del amor de Mr. B, lo cual presupone la tácita aceptación del ascenso social de aquellos que debido a su valor personal son dignos del mismo.[33] De acuerdo con el propio Richardson, "Pamela estaba destinada a brillar como una esposa afectuosa, una amiga fiel, una amable y delicada vecina, una madre indulgente y una señora benévola" (1961, p.V).[34] Esta declaración consta en el prefacio del segundo volumen, publicado al año siguiente, en el que la adecuación

---

33   Desde esta perspectiva, puede decirse que *Pamela* se inspira "en una moral puritana y utilitaria basada en ciertas virtudes burguesas (tales como la rectitud y la decencia) que constituyen los medios idóneos para escalar puestos en la sociedad" (Béjar, 1988, p. 189).

34   La valorización del ascenso social por el mérito y no por la sangre, subyacente al ascenso de Pamela, es explicitada por Kinkead-Weekes en los siguientes términos: "Pamela y su marido triunfan sobre los descarados y los cínicos, los sirvientes y las *ladies*, en verdad, sobre todos los que escucharon su historia [...]. El coro de alabanzas y bendiciones resultantes, no son solamente la recompensa de la felicidad de la pareja, sino también la señal de una comunidad de espíritu uniéndolos a su casa familiar y a sus vecinos con lazos estables y verdaderos" (1962, p. 64–67).

de Pamela a su nuevo rol fue examinada minuciosamente. De esta manera, *Pamela* "puso en segundo plano a la mujer aristocrática, figura de valores transparentes, tales como la riqueza, el nombre y el título, y construyó otro modelo de mujer: aquella que no se puede conocer por su apariencia, aquella que está dotada de subjetividad" (Armstrong, 1992, p. 226).

No se puede dejar de observar, sin embargo, que, en contraposición al tono poético, algunas veces heroico y trágico y, otras veces, tierno y sensual de *Tristán e Isolda* y de *Romeo y Julieta*, ciertos pasajes de *Pamela* tienen una connotación dramática cercana a una parodia casi cómica. Escenas de acoso sexual, seguidas de lágrimas y desmayos, frecuentemente repetidas, no corresponden a lo que se acostumbra atribuir a una narración romántica. El análisis de estas escenas, aparentemente cercanas a lo burlesco, constituye, no obstante, la clave para comprender el carácter moralmente regenerador intrínseco al romanticismo, en su forma eminentemente burguesa —en la acepción dada a este término por Peter Gay—.[35] A diferencia del amor cortés: "lejos de unir personas que son perfectas de antemano, la experiencia del amor hace su idealidad" (Singer, 1992b, p. 30), lo cual es plausible en una época en la que "las personas son entendidas como modificables, pasibles de evolución, perfectibles" (Luhmann, 1991, p. 132), y ya no dominadas por humores y temperamentos impenetrables a las acciones humanas. En estas circunstancias, el amor se torna mágico. Pero, de modo distinto a como ocurría anteriormente, la magia se sitúa no en el origen del amor, sino en el mismo amor que induce transformaciones meticulosas en aquellos que se aman. Por medio de él, los feos se vuelven lindos, los pobres, ricos, los agresivos, mansos y así sucesivamente.

La relevancia de *Pamela*, en la contraposición entre amores disciplinados y domesticados, no se atiene, sin embargo, solamente a la atribución al amor de la capacidad de trasponer las barreras de clase y domesticar la sexualidad masculina. Existen diferencias en cuanto a la forma de pensar la relación entre pureza y poder, allí presente, y la que atraviesa el *Ramayana*. Una de ellas se refiere al hecho de que la pureza de Pamela le otorga un poder socialmente útil.[36] Mientras la virtud recompensada constituye el subtítulo de *Pamela*, la pureza

---

35   A su entender, los burgueses tendrían en común "la cualidad negativa de no ser ni aristócratas, ni operarios, y de sentirse mal en sus propias pieles" (Gay, 1988, p. 41, 33).

36   La idea de que la castidad, así como la abnegación y la sumisión de las mujeres al poder masculino serían virtudes recompensables por la felicidad conyugal, vehiculada en *Pamela*, aún estaba presente en revistas femeninas brasileñas, publicadas entre 1945 y 1960, tales como el *Jornal das Moças y Cláudia* (Bassaneze, 1993).

de Sita aumenta su poder espiritual (*shakti*), pero no la torna capaz de usufructuar el amor de Rama, ni la riqueza y el confort material que le deberían corresponder. Otra diferencia se relaciona con las razones subyacentes al mantenimiento de la pureza. Si en Sita estas provienen de su obediencia al *svadharma*, o sea, a las imposiciones morales derivadas de su rol como esposa, en Pamela, son las imposiciones de su propia consciencia las que la dirigen. El individualismo moral, presente en *Pamela*, es destacado por Edmund Leites en los siguientes términos:

> Lo que la hace moralmente pura no es el completo cumplimiento de las imposiciones de una moralidad externa, proveniente de una fuente divina, a la cual ella, en su humanidad, se somete victoriosamente. Ella es pura a causa del poder que su propia consciencia moral tiene en su mente y corazón: ese poder es tan predominante que bloquea incluso el reconocimiento de sus propias necesidades sexuales. Es tan fuerte que la salva de circunstancias extraordinariamente difíciles, su voz moral es su señor. (1984, p. 247)[37]

Estas ideas, relacionadas a la valorización de la capacidad de los individuos de autogobernarse, se enraízan en la convicción puritana de que la completa autorregulación de las acciones y de las palabras, e incluso de los deseos y los sentimientos, sería una meta al alcance de los que viven una vida mundana. La pureza moral se vuelve, así, compatible con la conyugalidad, y no algo exclusivo de los que llevan una vida ascética, estrictamente religiosa.[38]

La influencia de la literatura romántica, al estilo de *Pamela*, sobre el imaginario amoroso del mundo occidental perduró hasta finales de los años cincuenta del siglo pasado. No obstante, en las novelas de M. Delly, que eran la lectura preferida de las adolescentes brasileñas de clase media, de esa época,[39] así como en otros autores franceses del mismo estilo, el dilema del casamicnto desigual era su-

---

37 Estas consideraciones de Leites fueron hechas en su artículo "Pamela's Purity", publicado en una antología, organizada por Galey, en homenaje a Louis Dumont.

38 La idea de que para ser puro no es necesario abandonar el mundo y confinarse en un monasterio, ya que "la autorregulación de las acciones, las actitudes y las palabras, o, al menos, de los deseos y los sentimientos, era posible en este mundo" (Leites, 1984, p. 249) fue difundida por los Platonistas de Cambridge, un grupo de académicos puritanos que ejercieron una extraordinaria influencia en la cultura inglesa, desde fines del siglo XVII hasta el siglo XVIII, y fueron los mentores de la difusión. En ese contexto, el ciclo de pecado, arrepentimiento y perdón, en el cual las debilidades morales eran, de cierta forma, sancionadas, fue substituido por las exigencias de una vida moral rigurosa.

39 Las novelas de M. Delly, escritas y publicadas en Francia en las primeras décadas del siglo XX, fueron divulgadas en Brasil, entre 1940 y 1960, en una colección intitulada *Biblioteca das Moças*, por la Companhia Editora Nacional, de San Pablo.

115

perado generalmente, por el descubrimiento del origen noble de la heroína y no por su virtud moral, como sucede en *Pamela*.[40] En algunas ocasiones, el amor se desarrollaba solamente tras el casamiento de conveniencia. Estos cambios en el patrón argumentativo reflejan las diferencias, ya mencionadas, entre el medio cultural francés y el inglés en relación al matrimonio. De cualquier manera, el héroe, siempre descripto como arrogante, autoritario, impetuoso e inflexible, "se endulza y se suaviza, marcado por la influencia de la mujer" (Prado, 1981, p. 100).[41] La valorización dada al poder masculino y a la virtud femenina también se mantuvo inalterada.

En los países europeos situados a orillas del Mediterráneo, sin embargo, debido, probablemente, a la influencia árabe, la pureza de las mujeres es mucho más una cuestión ligada al honor masculino y familiar que una meta a ser alcanzada a fin de asegurar ventajas personales.[42] En ese contexto, la pureza de ellas es asegurada no por una fuerza moral, que les sería propia, sino por el control ejercido por los hombres de la familia sobre la sexualidad femenina, vista como amenazadora.[43] Otro factor que merece destacarse tiene que ver con la separación radical entre el mundo femenino y el masculino, que se mantuvo en las áreas rurales de aquellos países por lo menos hasta la década del setenta del siglo pasado: "mientras las mujeres eran forzadas a evitar los lugares públicos, se puede decir igualmente que los hombres eran forzados a dejar la tranquilidad y el confort del hogar la mayor parte del día" (Gilmore, 1990, p. 957). Aquellos que osaran desobedecer estos imperativos y se apegaran en demasía a las mujeres o a la vida doméstica, tenían su virilidad cuestionada. Las

---

40   La valorización de la pureza femenina, aliada al mantenimiento de las barreras de clase, propagada por las novelas de M. Delly, todavía guiaba los casamientos en las familias de clase media y alta de la ciudad de Araxá (Minas Gerais) en el transcurso de los años setenta del siglo pasado. De acuerdo con la pequeña investigación realizada por Abreu Filho, "los casamientos implican un trueque simbólico, una reciprocidad donde el hombre entra con el nombre de la familia, representante de una posición social y la mujer como representante de una moral" (1982, p. 116).

41   El hecho de que los héroes románticos sean, al mismo tiempo, agresivos y suaves en el amor no constituye, por sí solo, una novedad. En el código del amor-pasión, el amor se caracteriza, igualmente, como lucha, "como asedio y conquista de la mujer" y, al mismo tiempo, como "la autosumisión incondicional a la voluntad de la amada" (Luhmann, 1991, p. 77–78). También en el amor cortés existe una completa sumisión a los deseos de la amada, concomitantemente a la utilización, en el discurso amoroso, de términos propios del lenguaje guerrero. La peculiaridad del romanticismo está en la introducción de tal dualidad en el ámbito del amor conyugal.

42   Ver Peristiany (1988) y Dória (1994).

43   La percepción de la sexualidad femenina como amenazadora e incluso demoníaca forma parte del imaginario europeo de la Edad Media (Delumeau, 1990).

relaciones de compañerismo y de intimidad se establecían y se consolidaban entre los miembros de cada sexo, y no entre los cónyuges.

El amor como fundamento del casamiento

La idealización del modelo de vida conyugal, romántica, expresada en *Pamela*, revela la necesidad de comprender la domesticación del amor no solo como principio de selección conyugal, sino también como factor esencial para la consolidación del matrimonio burgués, fundamentado en la intimidad de la vida en pareja.[44] Para entender mejor este proceso, recurrí, primordialmente, a cartas y diarios íntimos citados y analizados por Peter Gay en sus investigaciones sobre la vida matrimonial y erótico-amorosa de la burguesía norteamericana e inglesa del siglo XIX. La opción por ese material de investigación provino, en gran parte, de la percepción de la existencia de un notable paralelismo entre el modo por el cual el amor y la sexualidad son enfocados en *Pamela* y lo que se transluce en la correspondencia y en los relatos autobiográficos transcriptos por Gay. El énfasis en el material norteamericano se justifica en la medida en que "tomar el testimonio de América es como capturar la burguesía del siglo XIX en lo que ella tiene de más puro, o, tal vez más apropiadamente, en el límite del futuro que le estaba destinado" (Gay, 1988, p.15).

La imagen generalmente atribuida a la esposa de esa época —de que ella sería sexualmente frígida y más ligada afectivamente a los hijos que al marido— es tomada por Gay como mucho más mítica que real. La valorización dada a la intimidad de la vida conyugal en detrimento de la relación con los hijos, tanto en Inglaterra, como en los Estados Unidos, es enfatizada por Gay, al afirmar que:

> En buena parte de la correspondencia de la clase media así como en los diarios, los niños son en general interesantes, graciosos, y muchas veces queridos, pero no pasan de notas marginales, de fuente de historias alegres y blanco de consejos celosos. El vínculo que realmente importaba, más que cualquier otro, era el que unía a los cónyuges. (Gay, 1988, p. 103)

A su vez la sexualidad, siempre encubierta por el manto protector de la relación conyugal y metamorfoseada en un encuentro de almas,

---

44 En efecto, "la burguesía valora mucho más una relación conyugal íntima, doméstica, buscando así demoler la rigidez tradicional en el seno de la estructura familiar, mientras que la aristocracia no fue capaz de encontrar ninguna viabilidad en el principio de la intimidad, siendo por eso obligada a rechazarlo" (Luhmann, 1991, p. 171n). En lo que respecta específicamente a Inglaterra, Macfarlane observa que "sin tomar en cuenta la pasión poderosa, generalizada e impetuosa, en el núcleo mismo del sistema de casamiento, es imposible entender sus otros aspectos" (Macfarlane, 1990, p. 218).

era una preocupación obsesiva de los burgueses de la época vitoriana. Las menciones sobre los placeres sexuales en diarios y cartas eran mucho más comunes de lo que se podría suponer. La atribución a los victorianos de una vida sexual restringida ha sido aceptada como verdadera, no solo porque "la delicada reserva, una timidez marcada por rubores y una actitud dulcemente púdica son precisamente las cualidades femeninas que despiertan la atención de los hombres, jóvenes y viejos" (Klein, 1971, p. 43), sino también "porque el abismo que separaba el comportamiento en público de los sentimientos personales era muy amplio: el melindre y el decoro negaban al erotismo casi todos los medios de expresarse" (Gay, 1988, p. 103).

Se comprende así, la razón por la cual las revelaciones íntimas, expresadas en cartas y diarios, se constituyen en un vehículo privilegiado de acceso a las vivencias erótico-amorosas de la burguesía. El hecho de que las experiencias sexuales relatadas puedan no corresponder a los acontecimientos realmente vividos no les quita validez. Es en esa esfera, más que en cualquier otra, que "el orgullo, la vergüenza o el pudor guían la pluma, inventando conquistas y negando derrotas, distorsionando sentimientos y, con mucha frecuencia, copiando fórmulas" (Gay, 1988, p. 88). Dichos testimonios evidencian, también, la existencia de sorprendentes semejanzas entre las declaraciones allí presentes y las atribuidas por Richardson a Pamela. En el diario de Lester Ward, un sociólogo americano muy conocido en los medios académicos entre 1860 y 1870, se puede percibir una de estas similitudes, la de la utilización de términos edulcorados para designar la experiencia sexual de la pareja: "Cuando llegué al hogar de la dulzura, ella me recibió en sus brazos de ternura y me comprimió contra su cuerpo de miel, y nuestros labios se tocaron y nuestras almas entraron juntas al paraíso" (*apud* Gay, 1988, p. 100).

El paraíso sexual referido por Lester Ward, sin embargo, era accesible solo a los cónyuges: "el ideal erótico burgués era, en dos palabras, el amor conyugal" (Gay, 1990, p. 361). En ese sentido, los casamientos por conveniencia serían incompatibles con "la alegría de los Campos Elíseos", opinión expresada por Sophia Hawthorne en anotaciones hechas en el diario de su marido en el transcurso del año 1843 (*apud* Gay, 1990, p. 327).

Otra similitud se refiere a la pureza inherente al amor conyugal. En una de las cartas del teólogo Alfred Roe a su esposa, Emma, durante la guerra civil americana, los momentos de placer vividos junto a ella son recordados, reafirmados y legitimados por la alegación de la pureza de sus sentimientos. Después de decirle que "no puede haber mal en recordar cómo su cuerpo me pareció dulce y suave en las noches en que vino completamente desnuda hacia mis brazos", y de mencionar otras reminiscencias igualmente eróticas, termina la carta recordando "cuán dulce y precioso es el amor conyugal verdadero y puro" (Gay, 1990, p. 117).

Más allá de la evocación de la pureza, que sirve para encubrir la crudeza de los deseos sexuales bajo el manto de la moral aceptada, se evoca también el ascetismo. Charles Kingsley, un clérigo inglés célebre por haber defendido en 1840, la idea de que en el casamiento "la unión sexual es compañera de la proximidad espiritual, el emblema del amor celestial" (Gay, 1990, p. 259), describe en sus cartas a la futura esposa todos los ejercicios y mortificaciones ascéticas a las que se sometió para controlar el deseo que sentía por ella durante el período del noviazgo. Esta estrategia permitía a ambos complacerse en usufructuar y anticipar, en la imaginación, el momento en que estos anhelos serían satisfechos. Tras el casamiento, coherentemente con su creencia de que su lecho conyugal era un altar, Charles Kingsley, le envía a la esposa un dibujo en el cual "la pareja está acostada, en un amplio amplexo sexual, entrelazados uno al otro y a una cruz, flotando en una ola suave en un mar soleado" (Gay, 1990, p. 267).

La obsesión de la burguesía victoriana por el erotismo es corroborada por Michel Foucault en el primer volumen de *La historia de la sexualidad*. Conforme intenta demostrar, el sexo, lejos de haber sido descalificado o anulado por la burguesía, fue, muy por el contrario, el "elemento de sí misma que la inquietó más que cualquier otro, que la preocupó, exigió y obtuvo sus cuidados, y que ella cultivó con una mezcla de espanto, curiosidad, delectación y fiebre" (2007, p. 150). Esto no significa que las imágenes que se construyen de la época victoriana sean totalmente falsas. Las mismas tienen su razón de ser. El malentendido proviene, probablemente, de la desconsideración de las estrategias montadas para crear espacio para las pasiones sin desistir de la aprobación social y divina. Estas estrategias, consideradas hipócritas por mantener, al mismo tiempo, una gran permisividad en la vida íntima y un riguroso decoro en lo que respecta a cualquier alusión pública a la sexualidad, son hipócritas, también, por revestir los deseos y los placeres sexuales de intenciones puras, ascéticas, celestiales, y sagradas.[45] La asociación entre la preocupación y ocupación obsesivas con la sexualidad y la superioridad moral se torna mucho más comprensible cuando se toma en cuenta la utilización de la sexualidad como una forma de afirmar la supremacía burguesa sobre las clases operarias o campesinas. No teniendo cómo alegar la

---

45 De ahí la fama de los burgueses de esa época de decir una cosa y hacer otra, que se aplica también a otras áreas de la vida. La explotación económica de las clases operarias era disimulada por discursos moralizantes sobre la caridad, la miseria era ignorada, la política colonial vista como benévola, y así sucesivamente.

especificidad de su propio cuerpo por la "sangre", o sea, por la ascendencia y por el valor de sus alianzas, como la nobleza, la burguesía afirmó su superioridad a través de la valorización de la sexualidad y de la salud de su organismo: "el sexo fue la 'sangre' de la burguesía" (Foucault, 2007, p. 151).

Con el fin de la era victoriana y el inicio de la era de Freud, surge un nuevo tipo de retórica melodramática —que se tornó "un estereotipo de la literatura autocrítica burguesa"— en la cual la novia, desinformada y aterrorizada, se enfrenta a la sexualidad de un marido insensible a sus temores (Gay, 1988, p. 210). A partir de ese momento, la identidad social de la burguesía "no se afirmará por la calidad sexual del cuerpo, sino por la intensidad de su represión" (Gay, 1988, p. 121). En vez de oponer, "a la sangre valiosa de los nobles, su propio cuerpo y su sexualidad preciosa" (Foucault, 2007, p. 155), la burguesía pasa a definir la sexualidad por la prohibición. En lugar de preocuparse obsesivamente por su sexualidad, ella adquiere "el privilegio de experimentar más que los demás lo que la prohíbe y de poseer el método que permite vencer la represión" (Foucault, 2007, p. 158). Es precisamente en este punto que se inscribe el psicoanálisis.[46]

La arrogancia burguesa en la utilización del erotismo amoroso para afirmar la superioridad personal de los que lo cultivan con una devoción casi religiosa, típica de la época victoriana, aparece de una manera excepcional, pero no por ello menos reveladora, en el modo por el cual Mabel Loomis Todd justifica su adulterio.

Sin la intención de ocuparme de la cuestión del amor adúltero de forma más profunda, solo pretendo mostrar, a través de la vida de esta mujer extraordinaria, la aplicación de la ideología romántica al amor adúltero, hasta entonces vivido a través del código del amor cortés y del amor–pasión.

Domesticación del amor adúltero

Mabel Loomis nació en Washington en 1857. Exitosa como escritora, oradora y editora, sociable, talentosa, tenía una alegría contagiosa y una energía infatigable. Su casamiento, a los veintiún años,

---

46   Freud atribuye la actitud de algunos de sus pacientes, que sentían placer con mujeres que no amaban y tenían dificultad en sentir lo mismo con sus esposas, a una inhibición muy frecuente entre los hombres de su época. En un artículo publicado en 1912, *Sobre la tendencia universal a la depreciación en la esfera amorosa*, observa que la mayoría de los hombres, "cuando aman, no desean, y cuando desean, no pueden amar" (1969a, p. 166). Ampliando todavía más su generalización, cree que dicha dificultad es universal en la experiencia humana, debido a que todos los niños tienen una fuerte fijación por sus madres, asociada a la barrera del incesto y a las frustraciones que de ella derivan.

con David Todd, se basó en el amor. Tomando como referencia su diario, en el cual se complacía en anotar detalladamente su vida erótica y las cartas escritas a su marido, puede constatarse que, desde los primeros días del casamiento, los placeres sexuales de la pareja son un tema constantemente aludido. En estas referencias, como era usual en la época, la asociación entre el placer sexual y los sentimientos celestiales, sagrados o puros constituía un recurso habitual. Dos meses después del casamiento, hace mención a la "noche más arrebatada y sagrada de todo nuestro amor" (*apud* Gay, 1988, p. 68). Hacer el amor, para ellos, era un juego que obedecía a ciertos rituales muy sofisticados. Los placeres que sentían en estos rituales amorosos, ejercidos sin ninguna inhibición y descriptos como "un poquito de cielo inmediatamente después de la cena" (Gay, 1988, p. 69) eran considerados por ella como la prueba del profundo amor que los unía. El término "dulces comuniones" era otro recurso utilizado para asociar sus noches de amor a "algo superior casi celestial". En una de las referencias hechas al amor del marido, enfatiza su pureza: "su amor por mí es tan apasionado, y al mismo tiempo tan puro" (Gay, 1988, p. 68). La fusión entre los placeres sexuales y la respetabilidad matrimonial se manifestaba también en la expresión marido–amante con la que ella lo designaba.

El embarazo, cuando ocurrió, fue para ella algo desgastante, indeseable. Su desazón ante la perspectiva de convertirse en madre provino, en gran parte, de la percepción de que, con la maternidad, se veía impelida a consagrar parte del tiempo y de la atención que dedicaba a sí misma y a su marido a un niño. Afirma, sin ningún prurito, que el amor materno no le era necesario, en cambio el amor de esposa le era tan indispensable como el aire, el agua y el alimento: "uno o varios niños serán meras casualidades" (Gay, 1988, p. 72).

En 1881, Mabel y David Todd se mudan para Amherst, Massachusetts. En Amherst,[47] Mabel traba amistad con los Dickinson, la familia más preeminente de la ciudad. Fue ella la primera persona en percibir la calidad excepcional de los poemas de Emily Dickinson y la primera en publicarlos. Con el correr del tiempo, la amistad con Austin Dickinson, hermano de Emily, tesorero de la Facultad de Amherst y una de las figuras más respetables de la ciudad, se transforma en

47 Me parece relevante señalar la existencia de una semejanza y de una diferencia entre los dos casos de adulterio relatados: el practicado por Mabel, sucedido en los Estados Unidos de fines del siglo XIX, y el vivenciado por Alankaram, a través de la imaginación de un escritor indio del siglo XX. La semejanza se refiere al hecho de que los maridos, ambos profesores y astrónomos, hayan tolerado la infidelidad de las esposas. La diferencia reside en el tenor dramático del argumento centrado, en el primer caso, en el vínculo conyugal y en la intimidad de la vida en pareja, y, en el segundo, en el vínculo filial.

amor, y ellos se convierten en amantes. Los encuentros de los dos se efectuaban en la casa de Mabel, en un cuarto del piso superior. Esta relación adúltera y doméstica, que implicaba complicados y trabajosos disimulos, era un secreto que todos conocían, inclusive el marido, aunque fingieran no saber. La relación entre los dos amantes duró hasta la muerte de Austin, en 1895.

A pesar de que este comportamiento de Mabel es excepcional y completamente inusitado, no por ello era menos representativo de las concepciones y valores vigentes en su época, principalmente cuando se toman en cuenta, por un lado, la transferencia de los sentimientos conyugales hacia el ámbito de la relación adúltera y, por otro, las razones alegadas por ella para justificar su comportamiento adúltero. Orgullosa de sí misma y de sus actitudes independientes — el convencionalismo le parecía como algo propicio solo "para aquellos que no son lo suficientemente fuertes para hacer sus propias leyes, ni suficientemente fuertes para amoldarse a la gran ley mayor, donde todas las armonías se encuentran" (Gay, 1988, p. 78)— consideraba su adulterio plenamente justificable. A su entender, cuando "dos criaturas nobles se encuentran a través de toda la confusión y la bruma que los hombres arrojan sobre la vida, y descubren claramente que uno es el complemento del perfecto del otro, tienen la obligación de causar el menor daño posible a otras personas, pero sobre todo de seguir la clara luz interior y la luz superior que los mostró el uno al otro, viviendo su vida conjunta en toda la plenitud" (Gay, 1988, p. 79). Esta doctrina, que ella reconoce como peligrosa para las masas, le era muy conveniente, por permitirle tratar con menosprecio a aquellos que, de alguna forma, podrían atacarla. La manera por la cual Mabel desafiaba las convenciones era, sin embargo, plenamente respetable. El decoro, el secreto y la discreción en público jamás eran olvidados. Asimismo, creía que tener el amor de un hombre como Austin Dickinson era una prueba de que había algo de extraordinario en ella: su adulterio era una confirmación de su excepcionalidad. Usando eufemísticamente el término amistad, ella alega que su amistad "la había elevado a pináculos de espiritualidad nunca imaginados" y le había dado la posibilidad de degustar el néctar de los dioses (Gay, 1988, p. 78). Ambos hombres, el marido-amante y el amante-marido, "suplían su hambre de amor y admiración y le daban la sensación de expandirse artística y espiritualmente, de una especie superior de pureza" (Gay, 1988, p. 79).

Las argumentaciones y justificaciones presentadas por Mabel respecto a la relación adúltera que mantenía con Austin Dickinson, ciertamente, no eran ni podrían estar dirigidas a la opinión pública, ya que esta fingía no saber nada al respecto. La creencia en el valor intrínseco al amor,[48] en su poder de legitimar y purificar las deslealtades, traiciones y transgresiones adúlteras, se remonta a una larga tradición, que comienza a afirmarse y consolidarse en Occidente a partir del siglo XII. En otros contextos culturales, tales alegatos serían impensables. Alankaram, por ejemplo, ya mencionada anteriormente, incapaz de encontrar algún pretexto que pudiera justificar su opción por el adulterio, o sea, por una vida de placer (*kama*), disociada de la conducta moralmente correcta (*dharma*), se ve compelida a buscar su redención a través de su hijo, a cuyos pies busca quemar su alma. No habiendo logrado tal intento, se ve obligada a dirigirse a la ciudad santa de Kashi, a fin de obtener su salvación espiritual.

En el transcurso del siglo XX, la hipocresía, que puede ser considerada como "el homenaje que el vicio presta a la virtud" (La Rochefoucauld, 1994, p. 48), va siendo sustituida, cada vez más, por la aceptación, abierta y franca, de relaciones no convencionales. ¿Sería posible analizar estos nuevos estilos de amar a partir de la noción de domesticación? En caso de que la respuesta sea positiva, ¿cuáles serían las ideologías amorosas que los sustentarían? ¿Estas ideologías serían, a su vez, aplicables a los amores homosexuales? ¿Por medio de este tipo de investigación, se podría aprehender la forma por la cual la sexualidad, ya no encubierta bajo la fachada del secreto sino claramente asumida, se valorizaría, mientras el amor pasaría a ser camuflado y a sentirse avergonzado? ¿Estaría allí el motivo de que las cartas y poemas amorosos, antes tan frecuentes, se hayan vuelto raros, casi una excentricidad? ¿La búsqueda de la autorrealización personal a través del amor se vería eclipsada por la búsqueda del placer por el placer mismo? ¿Estaría esta búsqueda relacionada con un individualismo narcisista? ¿Las relaciones amorosas, provenientes del mismo, estarían al servicio de un ordenamiento de la vida social cuyo alcance todavía se nos escapa?

Creo que estas cuestiones, entre otras, posibilitan la apertura de nuevos campos de investigación, en los cuales la noción de *domesticación*, desarrollada en el transcurso de este trabajo, puede ser utilizada como el hilo conductor de un enfoque que se niega a disociar las relaciones erótico–amorosas de los contextos que las forjaron, de los valores que las sustentan y de las concepciones de la vida que las modelan.

---

48   La aceptación del amor como válido, independientemente de otras consideraciones no concernientes al mismo, se traduce en una actitud común a otras áreas, más allá de la amorosa: "el amor romántico se desarrolló en el mismo período que el concepto del arte por el arte, del conocimiento por el conocimiento y de los negocios por los negocios" (Singer, 1992b, p. 34).

BIBLIOGRAFÍA

ABÉLARD. (1136). *Historia calamitatum: texte critique avec une introduction*. París: Librairie Philosophique, 1959.

ABREU FILHO, Ovídio de. Dona Beja: análise de um mito. In: FRANCHETTO, Bruna *et al. Perspectivas antropológicas da mulher*. Río de Janeiro: Zahar, 1983. v. 3. p. 76-107.

ABREU FILHO, Ovídio de. Parentesco e identidade social. In: ANUÁRIO antropológico 80. Fortaleza: Universidade Federal do Ceará; Río de Janeiro: Tempo Brasileiro, 1982. p. 95-118.

ALMEIDA, Ângela Mendes. *O gosto do pecado: casamento e sexualidade nos manuais de confessores dos séculos XVI e XVII*. Río de Janeiro: Rocco, 1993.

ANÓNIMO. *As mil e uma noites: damas insignes e servidores galantes*. Tradução de Rolando Roque da Silva. San Pablo: Brasiliense, 1991.

ANÓNIMO. *Bhagavad Gita: a sublime canção*. 11. ed. ilust. Tradução e notas de Huberto Rohden. San Pablo: Martin Claret, 1990.

ANÓNIMO. *O Mahabharata*. 3. ed. Adaptação dos manuscritos originais e apresentação de Jean-Claude Carriére. San Pablo: Brasiliense, 1993.

APPEL, George; MADAN, Triloki Nath (Org.). Choice and Morality in Anthropological Perspective: Essays in Honor of Derek Freeman. Albany: State University of New York Press, 1988.

ARCHER, William George. Prefácio. In: VATSYAYANA, Mallanaga. *Kama Sutra*. Tradução da versão clássica de Richard Burton e Fitzgerald F. Arbuthnot. Rio de Janeiro: Jorge Zahar, 1993. P. 9-30.

ARIÈS, Philippe. Amor no casamento. In: ARIÈS, Philippe; BEJIN, André (Org.). *Sexualidades ocidentais: contribuições para a história e para a sociologia da sexualidade*. 2. ed. San Pablo: Brasiliense, 1986. P. 153-162.

ARIÈS, Philippe; BEJIN, André (Org.). *Sexualidades ocidentais: contribuições para a história e para a sociologia da sexualidade*. 2. ed. San Pablo: Brasiliense, 1986.

ARMSTRONG, Nancy. *Deseo y ficción doméstica: una historia política de la novela*. Madrid: Cátedra, 1991.

BADINTER, Elisabeth. *Um amor conquistado: o mito do amor materno*. Río de Janeiro: Nova Fronteira, 1985.

BAIG, Tara Ali. *Indian's Woman Power*. Nueva Delhi: S. Chand, 1976.

BASSANEZI, Carla. Revistas femininas e o ideal de felicidade conjugal (1945-1960). *Cadernos Pagu*. De Trajetórias e Sentimentos, Campinas, n. 1, p. 111-148, 1993.

BASTIDE, Roger. *El sueño, el trance y la locura*. Buenos Aires: Amorrortu, 1976.

BAUMGARTNER, Emmanuèle. *Tristan et Iseut: de la légende aux récits en vers*. 3. ed. Études litteraires. París: Presses Universitaire de France, 1993.

BÉDIER, Joseph. *Le roman de Tristan e Iseut* (na tradução de Afrânio Peixoto, intitulada de *Tristão & Iseu*). Río de Janeiro: W. M. Jackson, 1947.

BÉDIER, Joseph. *O romance de Tristão e Isolda*. Tradução de Luis Cláudio de Castro e Costa. San Pablo: Martins Fontes, 1988.

BÉJAR, Helena Merino. *El ámbito íntimo: privacidad, individualismo y modernidad*. Madrid: Alianza, 1988.

BERNDT, Ronald Murray. *The Love Songs of Arnhem Land*. Chicago: University of Chicago Press, 1976.

BETEILLE, André; MADAN, Triloki Nath (Org.). *Encounter and Experience: Personal Accounts of Fieldwork*. Nueva Delhi: Vikas Publishing House, 1975.

BIARDEAU, Madeleine. *Hinduism: the Anthropology of a Civilization*. Nueva Delhi; Oxford: Oxford University Press, 1989. (French Studies in South Asian Culture and Society, 3).

BRUSCHINI, Cristina; COSTA, Albertina de Oliveira. (Org.). *Entre a virtude e o pecado*. Río de Janeiro: Editora Rosa dos Tempos, 1992.

BURBANK, Victoria. Passion as Politics: Romantic Love in an Australian Aboriginal Community. In: AMERICAN ANTHROPOLOGICAL ASSOCIATION MEETINGS: The Anthropology of Romantic Passion, 1992, San Francisco. Mimeografado.

CARDOSO, Sérgio et al. *Os sentidos da paixão*. San Pablo: Companhia das Letras; Funarte, 1993.

CARRITHERS, Michael et al. (Org.). *The Category of the Person*. Cambridge: Cambridge University Press, 1991.

CHATTERJI, Shoma. *The Indian Women's Search for an Identity*. Nueva Delhi: Vikas, 1988.

CHITNIS, Suma. Feminism: Indian Ethos and Indian Convictions. In: GHADIALLY, Rehana (Org.). *Women in Indian Society*. Nueva Delhi; Newbury; Londres: Sage, 1988. P. 91-95.

CLIFFORD, James (Org.). *Writing Culture: the Poetics and Politics of Ethnography*. California: University of California Press, 1986.

CORRÊA, Marisa. *Morte em família*. Río de Janeiro: Graal, 1983.

DA MATTA, Roberto. A obra literária como etnografia: notas sobre as relações entre literatura e antropologia. In: *Conta de mentiroso: sete ensaios de antropologia brasileira*. Río de Janeiro: Rocco, 1994. P. 35-58.

DA MATTA, Roberto. Mulher — Dona Flor e seus dois maridos: um romance relacional. In: *A casa e a rua: espaço, cidadania, mulher e morte no Brasil*. San Pablo: Brasiliense, 1985. P. 103-141.

DA MATTA, Roberto. Pedro Malasartes e os paradoxos da malandragem. In: *Carnavais, malandros e heróis: para uma sociologia do dilema brasileiro*. Río de Janeiro: Zahar, 1978. P. 194-235.

DA MATTA, Roberto. Poe e Lévi-Strauss no campanário: ou, a obra literária como etnografia. In: *Ensaios de antropologia estrutural*. Petrópolis: Vozes, 1973. P. 129-145.

DAS, Veena. Indian Women: Work, Power and Status. In: NANDA, Bal Ram (Org.). *Indian Women: from Purdah to Modernity*. Nueva Delhi: Vikas Publishing House, 1976. P. 183-203.

DAS, Veena. Kama in the Scheme of Purusarthas: the Story of Rama. In: MADAN, Triloki Nath (Org.). *Way of Life: King, Householder, Renouncer — Essays in Honour of Louis Dumont*. Nueva Delhi: Vikas; París: Editions de la Maison de l'Homme, 1982. p. 183-203.

DELUMEAU, Jean. *A história do medo no Ocidente*. San Pablo: Companhia das Letras, 1990.

DESAI, Neera; KRISHNARAJ, Maithereyi. *Women and Society in INDIA*. Nueva Delhi: Ajanta Publications, 1990.

DEVEREUX, Georges. *Etnopsicoanálisis complementarista*. Buenos Aires: Amorrortu, 1975.

DHRUVARAJAN, Vanaja. *Hindu Women & the Power of Ideology*. Granby, MA: Bergin & Garvey, 1989.

DÓRIA, Carlos Alberto. A tradição honrada. *Cadernos Pagu*. Sedução, tradição e transgressão, n. 2, p. 47-111, 1994.

DUBY, Georges. *Idade média, idade dos homens: do amor e outros ensaios*. San Pablo: Companhia das Letras, 1989.

DUMONT, Louis. A Modified View of our Origins: the Christian Beginnings of Modern Individualism. In: CARRITHERS, Michael; Collins, Steven; Lukes, Steven (Orgs.). *The Category of the Person: Anthropology, Philosophy, History*. Cambridge: Cambridge University Press, 1991. p. 93-122.

DUMONT, Louis. *Homo aequalis: genese et panouissement de l'ideologie economique*. París: Gallimard, 1977.

DUMONT, Louis. Homo hierarchicus: o sistema das castas e suas implicações. San Pablo: EDUSP, 1992.

DUMONT, Louis. *La civilización india y nosotros*. Madrid: Alianza, 1989.

DUMONT, Louis. *O individualismo: uma perspectiva antropológica da ideologia moderna*. Río de Janeiro: Rocco, 1985.

EGNOR, Margaret. On the Meaning of Sakti to Women in Tamil Nadu. In: WADLEY, Susan Snow (Org.). *The Powers of Tamil Women. Nueva York: Syracuse University* (South Asian Series, 6), 1980. p. 1-34.

ELIADE, Mircea. *História das crenças e das idéias religiosas: de Maomé à idade das reformas.* Río de Janeiro: Zahar, 1983. T. 3.

EVANS-PRITCHARD, Edward Evan. *Antropologia social.* San Pablo: Livraria Martins Fontes, 1978a.

EVANS-PRITCHARD, Edward Evan. *Bruxaria, oráculos e magia entre os Azande.* Río de Janeiro: Zahar, 1978b.

EVANS-PRITCHARD, Edward Evan. *La femme dans les societes primitives — et autres essais d'anthropologie sociale.* París: Presses Universitaires de France, 1971.

FISHER, Helen.The four-year itch. *Natural History,* n. 10, p. 12-16, 1987.

FLANDRIN, Jean-Louis. A vida sexual dos casados na sociedade antiga: da doutrina da igreja à realidade dos comportamentos. In: ARIÉS, Philippe; BÉJIN, Andre (Org.). *Sexualidades ocidentais: contribuições para a história e para a sociologia da sexualidade.* 2. ed. San Pablo: Brasiliense, 1986. P. 135-152.

FLANDRIN, Jean-Louis. *Familles: parenté, maison, sexualité dans l'ancienne société.* París: Seuil, 1984.

FLAUBERT, Gustave. (1857). *Madame Bovary.* San Pablo: Abril Cultural, 1971.

FOUCAULT, Michel. *História da sexualidade: a vontade de saber.* 9. ed. Río de Janeiro: Graal, 1988.

FREUD, Sigmund. A negativa. Río de Janeiro: Imago, 1969b. (Edição Standard Brasileira das Obras Psicológicas Completas de Sigmund Freud, v. XIX).

FREUD, Sigmund. *Die Verneunung (La denegation).* París: Le Coq-Heron, 1982.

FREUD, Sigmund. *Sobre a tendência universal à depreciação na esfera do amor (Contribuição à psicologia do amor II).* Río de Janeiro: Imago, 1969a. (Edição Standard Brasileira das obras psicológicas completas de Sigmund Freud, v. XI).

GALEY, Jean-Claude (Org.). *Différences, valeurs, hierarchie: textes offerts à Louis Dumont*. París: Éditions de l'École des Hautes Études en Sciences Sociales, 1984.

GALLIS, P. *Genèse du roman occidental: essais sur "Tristan et Iseut" e son modèle persan*. París: Sirac, 1974.

GANDHI, Mohandas Karamchand. *Gandhi: minha vida e minhas experiências com a verdade*. 3. ed. Río de Janeiro: O Cruzeiro, 1971.

GANDHI, Mohandas Karamchand. *Women and Social Injustice*. Ahmedabad: Navajivan Publishing House, 1942.

GANDHI, Mohandas Karamchand. Women as the Stronger Sex. In: *Women and Social Injustice*. Ahmedabad: Navajivan Publishing House, 1942. P. 251.

GANDHI, Ramchandra. Branmacarya. In: MADAN, Triloki Nath (Org.). *Way of Life: King, Householder, Renouncer — Essays in Honour of Louis Dumont*. Nueva Delhi: Vikas; París: Editions de la Maison de l'Homme, 1982. P. 205-221.

GAUCHET, Marcel; SWAIN, Gladys. *La pratique de l'esprit humain: l'instituition asilaire et la révolution démocratique*. París: Gallimard, 1981.

GAY, Peter. A *experiência burguesa da rainha Vitória a Freud: a educação dos sentidos*. San Pablo: Companhia das Letras, 1988. V. 1.

GAY, Peter. A *experiência burguesa da rainha Vitória a Freud: a paixão terna*. San Pablo: Companhia das Letras, 1990. V. 2.

GELPKE, Rudolf. Postscript. In: NIZAMI. *The Story of Layla and Majnun*. Tradução de Rudolf Gelpke, publicado por Bruno Cassirer. Londres: Faber and Faber, 1966.

GHADIALLY, Rehana (Org.). Introduction. In: *Women in Indian Society*. New Delhi; Newbury; Londres: Sage, 1988. p. 13-19.

GHADIALLY, Rehana (Org.). *Women in Indian Society*. New Delhi; Newbury; Londres: Sage, 1988.

GIDDENS, Anthony. A *transformação da intimidade: sexualidade, amor e erotismo nas sociedades modernas*. San Pablo: UNESP, 1993.

GILMORE, David D. Men and Women in Southern Spain: Domestic Power Revisited. *American Anthropologist*, n. 92, p. 953-70, 1990.

GOETHE, Johann Wolfang von. *Afinidades eletivas*. Río de Janeiro: Ediouro, 1985.

GOETHE, Johann Wolfang von. *Os sofrimentos do jovem Werther*. San Pablo: Estação Liberdade, 1999.

GOODE, William Josiah. Communications. *American Sociological Review*, v. 24, n. 4, p. 540-543, 1959b.

GOODE, William Josiah. The Theoretical Importance of Love. *American Sociological Review*, v. 24, n. 1, p. 38-47, 1959a.

GOODY, Jack. Amor roubado: os europeus reivindicam as emoções. In: *O roubo da história: como os europeus se apropriaram das ideias e invenções do Oriente*. San Pablo: Contexto, 2008. p. 303-323.

HOLMES, Lowell D. *Quest for the Real Samoa: the Mead/Freeman Controversy & Beyond*. Postscript by Eleanor Leacock. Granby, MA: Bergin & Garvey, 1987.

HSU, Francis L. K. *Americans and Chinese: Passage to Difference*. Honolulu: The Hawaii University Press, 1981.

IBN HAZM. Le collier de la colombe. *Cahiers du Sud*, n. 285, 1947.

INDEN, Ronald. Hierarchies of King in Medieval India. In: MADAN, Triloki Nath (Org.). *Way of Life: King, Householder, Renouncer — Essays in Honour of Louis Dumont*. Nueva Delhi: Vikas; París: Editions de la Maison de l'Homme, 1982. P. 99 125.

JANAKIRAMAN, Thi. *The Sins of Appu's Mother*. Tradução de M. Krishnan. Nueva Delhi: Hind Pocket Boks, 1972.

JANKOWIAK, William R. *Sex, Death, and Hierarchy in a Chinese City: an Anthropological Account*. Nueva York: Columbia University Press, 1993.

JANKOWIAK, William R.; FISCHER, Edward F. A Cross-Cultural Perspective on Romantic Love. *Ethnology*, n. 31, p. 149-156, 1992.

JAYADEVA, Shri. *Gita Govinda: the Loves of Krshna & Radha*. Tradução do sânscrito e ilustrações de George Keyt. Bombay: Kutub, 1947.

KAKAR, Sudhir. Feminine Identity in India. In: GHADIALLY, Rehana (Org.). *Women in Indian Society*. Nueva Delhi; Newbury; Londres: Sage, 1988. P 44-68.

KAKAR, Sudhir. *Intimate Relations: Exploring Indian Sexuality*. Chicago: The University of Chicago Press, 1990.

KAKAR, Sudhir. *The Inner World: a Psycho-analytic Study of Childhood and Society in India*. Nueva Delhi; Oxford: Oxford Universty Press, 1978.

KAKAR, Sudhir; ROSS, John Munder. *Tales of Love, Sex and Danger*. Londres; Sydney: Unwin Hyman, 1987.

KEYT, George. Translate Note. In: JAYADEVA, Shri. *Gita Govinda: the Loves of Krshna & Radha*. Tradução do sânscrito e ilustrações de George Keyt. Bombay: Kutub, 1947.

KINKEAD-WEEKS, Mark. *Samuel Richardson: Dramatic Novelist*. Ithaca, N.Y.: Cornell University Press, 1973.

KLEIN, Viola. *El carácter femenino: historia de una ideología*. Buenos Aires: Paidós, 1971.

KRAMER, Heinrich; SPRENGER, James. (1484). *Malleus maleficarum: o martelo das feiticeiras*. Río de Janeiro: Rosa dos Tempos, 1991.

KRISHNARAJ, Maithereyi (Org.). *Women's Studies in India*. Bombay: Popular Prakashan, 1986.

KRISTEVA, Julia. *Histórias de amor*. Río de Janeiro: Paz e Terra, 1988.

KUMARI, Ranjana. *Brides are not for Burning: Dowry Victims in India*. Nueva Delhi: Radiant, 1989.

KUPER, Adam. *Antropólogos e antropologia*. Río de Janeiro: Livraria Francisco Alves, 1978.

KUROSAWA, Akira. *Um relato autobiográfico*. San Pablo: Companhia das Letras, 1990.

LA ROCHEFOUCAULD, François. (1665). *Máximas e reflexões*. Río de Janeiro: Imago, 1994.

LACLOS, Choderlos de. (1782). *As relações perigosas*. San Pablo: Abril Cultural, 1971. (Os imortais da literatura universal).

LE BRETON, David. *As paixões ordinárias: antropologia das emoções*. Petrópolis: Vozes, 2009.

LE GOFF, Jacques. A recusa do prazer. In: *Amor e sexualidade no Ocidente*. Edição Especial da Revista L'Histoire. Porto Alegre: L&PM Editores, 1992. P. 150-162.

LEITES, Edmund. Pamela's Purity. In: GALEY, Jean-Claude (Org.). *Différences, valeurs, hierarchie: textes offerts a Louis Dumont*. París: Éditions de l'École des Hautes Études en Sciences Sociales, 1984. P. 235-252

LEVINE, Nancy. Perspective on Love: Morality and Affect in Nyinba Interpersonal Relationships. In: MAYER, Adrian C. (Org.). *Culture and Morality: Essays in Honour of Christoph von Furer-Haimendorf*. Nueva Delhi; Oxford: Oxford University Press, 1981. p. 107-125.

LÉVI-STRAUSS, Claude. *Antropología estructural*. México D.F.: Siglo XXI, 1979.

LÉVI-STRAUSS, Claude. *As estruturas elementares do parentesco*. Petrópolis: Vozes; São Paulo: EDUSP, 1976a.

LÉVI-STRAUSS, Claude. *O pensamento selvagem*. San Pablo: Companhia Nacional, 1976b.

LIDDLE, Joanna; JOSHI, Rama. *Daughters of Independence: Gender, Caste and Class in India*. Londres: Zed Books; New Brunswick: Rutgers University Press, 1986.

LILI, Yuan (Org.). The Sacrificing Wife: Enlightened or Benighted? *Women of China*, International Book Trading Corporation (Guoji Shudian), n. 3, p. 22-24, 1987.

LINTON, Ralph. *Cultura e personalidade*. San Pablo: Mestre Jou, 1967.

LITTLE, Kenneth; PRICE, Anne. Some Trends in Modern Marriage Among West Africans. *Africa*, n. 37, p. 407-423, 1967.

LOPES, José Sérgio Leite. Relações de parentesco e de propriedade nos romances do ciclo da cana de José Lins do Rego. In: VELHO, Gilberto (Org.). *Arte e sociedade: ensaios de Sociologia da Arte*. Río de Janeiro: Zahar, 1977. P. 64-87.

LUHMANN, Niklas. *El amor como pasión: la codificación de la intimidad*. Barcelona: Ediciones Península, 1985.

LUHMANN, Niklas. O *amor como paixão: para a codificação da intimidade*. Rio de Janeiro: Bertrand Brasil, 1991.

MACFARLANE, Alan. *História do casamento e do amor*. San Pablo: Schwarcz, 1990.

MADAN, Triloki Nath (Org.). *Way of Life: King, Householder, Renouncer — Essays in Honour of Louis Dumont*. New Delhi: Vikas; París: Editions de la Maison de l'Homme, 1982.

MADAN, Triloki Nath. *Family and Kinship: a Study of the Pandits of Rural Kashmir*. New Delhi; Oxford: Oxford University Press, 1989.

MADAN, Triloki Nath. Moral Choices: an Essay of the Unity of Ascetism and Erotism. In: MAYER, Adrian C. (Org.). *Culture and Morality: Essays in Honour of Christoph von Furer-Haimendorf*. Nueva Delhi; Oxford: Oxford University Press, 1981. P. 127-152.

MADAN, Triloki Nath. The Hindu Woman at Home. In: NANDA, Bal Ram (Org.). *Indian Women: from Purdah to Modernity*. Nueva Delhi: Vikas, 1976. P. 67-86.

MADAN, Triloki Nath. The Ideology of the Householder among the Kashmiri Pandits. In: MADAN, Triloki Nath (Org.). *Way of Life: King, Householder, Renouncer — Essays in Honour of Louis Dumont*. Nueva Delhi: Vikas; París: Editions de la Maison de l'Homme, 1982. P. 223-249.

MADAN, Triloki Nath. The Son as Savior: a Hindu View of Choice and Morality. In: APPEL, George; MADAN, Triloki Nath (Org.). *Choice and Morality in Anthropological Perspective: Essays in Honor of Derek Freeman*. Albany: State University of New York Press, 1988. P. 137-155.

MALAMOUD, Charles. On the Rhetoric and Semantics of Purusartha. In:

MADAN, Triloki Nath (Org.). *Way of Life: King, Householder, Renouncer − Essays in Honour of Louis Dumont*. Nueva Delhi: Vikas; París: Editions de la Maison de l'Homme, 1982. P. 33-54.

MALINOWSKI, Bronislaw. A *Diary in the Strict Sense of the Term*. Londres: Routledge & Kegan Paul, 1967.

MALINOWSKI, Bronislaw. A *vida sexual dos selvagens*. Río de Janeiro: Francisco Alves, 1982.

MALINOWSKI, Bronislaw. *El cultivo de la tierra y los ritos agrícolas en las islas Trobriand. Parte 1: los jardines de coral y su magia*. Barcelona: Labor, 1977.

MALINOWSKI, Bronislaw. *Sexo e repressão na sociedade selvagem*. Petrópolis: Vozes, 1973.

MALUF, Sônia Weidner. Gênero, poder feminino e narrativas de bruxaria. In: BRUSCHINI, Cristina; COSTA, Albertina de Oliveira (Org.). *Entre a virtude e o pecado*. Río de Janeiro: Editora Rosa dos Tempos, 1992. P. 191-112.

MANDEVILLE, Bernard. (1705). *La fable des abeilles: ou les vices privés font le bien public*. Tradução de L. P. Carrive. París: Vrin, 1974.

MAYER, Adrian C. (Org.). *Culture and Morality: Essays in Honour of Christoph von Furer-Haimendorf*. Nueva Delhi; Oxford: Oxford University Press, 1981.

MAZUNDAR, Vina (Org.). *Symbols of Power: Studies on the Political Status of Women in India*. Bombay: Allied Publishers, 1979.

MEAD, Margaret. *Adolescencia y cultura en Samoa*. Buenos Aires: Paidós, 1993.

MEAD, Margaret. *Sexo y temperamento*. Barcelona: Laia, 1973.

MEYER, Johann Jacob. *Sexual Life in Ancient India: a Study in the Comparative History of Indian Culture*. Nueva York: Barnes & Noble, 1953.

MONTAIGNE, Michel. (1588). *Essais*. *Livre III*. París: Garnier-Flammarion, 1979.

MORGAN, Lewis H. *A sociedade primitiva*. 2. ed. Lisboa: Presença; San Pablo: Martins Fontes, 1980. v. 2.

MURDOCK, George; WHITE, Douglas. Standard Cross-Cultural Sample. *Ethnology*, v. 8, pp. 329-69, 1969.

NAKANE, Chie. Fieldwork in India: a Japanese Experience. In: BETEILLE, André; MADAN, Triloki Nath (Org.). *Encounter and Experience: Personal Accounts of Fieldwork*. Nueva Delhi: Vikas, 1975. P. 13-25.

NANDA, Bal Ram (Org.). *Indian Women: from Purdah to Modernity*. New Delhi: Vikas, 1976.

NANDY, Ashis (Org.). *At the Edge of Psychology: Essays in Politics and Culture*. Nueva Delhi; Oxford: Oxford University Press, 1980.

NANDY, Ashis. Final Encounter: the Politics of the Assassination of Gandhi. In: NANDY, Ashis (Org.). *At the Edge of Psychology: Essays in Politics and Culture*. Nueva Delhi; Oxford: Oxford University Press, 1980. P. 80-97.

NANDY, Ashis. *The Intimate Enemy: Loss and Recovery of Self under Colonialism*. Nueva Delhi / Oxford: Oxford University Press, 1983.

NANDY, Ashis. Woman versus Womanliness in India: an Essay in Social and Political Psychology. In: GHADIALLY, Rehana (Org.). *Women in Indian Society*. Nueva Delhi; Newbury; Londres: Sage Publications, 1988. P. 69-80.

NELLI, René. *L'amour et les mythes du coeur: le corps feminin et l'imaginaire*. París: Hachette, 1975.
NELLI, René. *L'Érotique des troubadours*. Toulouse: Privat, 1963.

NIZAMI. (1188). *The Story of Layla and Majnun*. Tradução de Rudolf Gelpke, publicado por Bruno Cassirer. Londres: Faber and Faber, 1966.

PALUCH, Andrzej. The Polish Background to Malinowski Work. MAN (*The Journal of the Royal Anthropological Institute*), v. 16, pp. 276-285, 1981.

PANIKKAR, K. Madhu. Introdução. In: VATSYAYANA, Mallanaga. *Kama Sutra* (segundo a versão clássica de Richard Burton e Fitzgerald F. Arbuthnot). Río de Janeiro: Jorge Zahar, 1993. P. 31-63.

PELLEGRINO, Hélio. Instituição, linguagem e liberdade. In: A *burrice do demônio*. Río de Janeiro: Rocco, 1989. P. 15-18.

PENNAFORT, Onestaldo de. Introdução. In: SHAKESPEARE, William. *Romeu e Julieta*. Río de Janeiro: Edição do Ministério da Educação e Saúde, 1940. P. 11-15.

PERISTIANY, John G. (Org.). *Honra e vergonha: valores das sociedades mediterrâneas*. 2. ed. Lisboa: Fundação Calouste Gulbenkian, 1988.

PESSANHA, José Américo. Platão: as várias faces do amor. In: CARDOSO, Sérgio *et al. Os sentidos da paixão*. San Pablo: Companhia das Letras; Funarte, 1993. P. 77-103.

POWDERMAKER, Hortense. *Stranger and Friends: the way of an anthropologist*. New York; Londres: Norton & Company, 1966.

PRADO, Rosane Manhães. Um ideal de mulher: um estudo dos romances de M. Delly. In: In: FRANCHETTO, Bruna *et al. Perspectivas antropológicas da mulher*. Río de Janeiro: Zahar, 1981. v. 2. P. 71-112.

RADCLIFFE-BROWN, Alfred Reginald; FORDE, Daryel. *Sistemas politicos africanos de parentesco e casamento*. Lisboa: Fundação Calouste Gulbenkian, 1974.

REYNOLDS, Holly Baker. The Auspicious Married Woman. In: WADLEY, Susan Snow (Org.). *The Powers of Tamil Women*. New York: Syracuse University Press, 1980. P. 35-59. (South Asian Series, 6).

RIBEIRO, Renato Janine. A paixão revolucionária e a paixão amorosa em Stendhal. In: CARDOSO, Sérgio *et al.* (Org.). *Os sentidos da paixão*. San Pablo: Companhia das Letras; Funarte, 1993. P. 417-434.

RICHARDS, Jeffrey. *Sexo, desvio e danação: as minorias na Idade Média*. Río de Janeiro: Jorge Zahar, 1993.

RICHARDSON, Samuel. (1740). *Pamela: or Virtue Rewarded*. Introdução por Mark Kinkead-Weekes. Londres: J. M. Dent & Sons; Nueva York: E. P. Dutton, 1962. V. 1.

RICHARDSON, Samuel. (1741). Pamela: or Virtue Rewarded. Introdução por George Saintsbury. Londres: J. M. Dent & Sons; Nueva York: E. P. Dutton, 1961. V. 2.

ROUGEMONT, Denis de. *O amor e o Ocidente*. Río de Janeiro: Guanabara, 1988.

ROY, Manisha. *Bengali Women*. Chicago; London: The Chicago University Press, 1975.

ROY, Manisha. The Concepts of Feminility and Liberation in the Context of Changing Sex Roles: Women in Modern India and America. In: GHADIALLY, Rehana (Org.). *Women in Indian Society*. New Delhi; Newbury; Londres: Sage, 1988. P. 136-147.

SAHLINS, Marshall. *Ilhas da história*. Río de Janeiro: Jorge Zahar, 1990.

SALEN, Tânia. O casal igualitário: princípios e impasses. *Revista Brasileira de Ciências Sociais da ANPOCS*, Río de Janeiro, v. 9, p. 24-37, 1990.

SALEN, Tânia. A despossessão subjetiva: dos paradoxos do individualismo. *Revista Brasileira de Ciências Sociais da ANPOCS*, Río de Janeiro, v. 18, p. 62-77, 1992.

SARAN, Awadh Kishore. Review of Contributions to Indian Sociology. *The Eastern Anthropologist*, v. 15, n. 1, p. 53-68, 1962.

SARSBY, Jacqueline. *Romantic Love and Society*. Londres: Penguin Books, 1983.

SARTRE, Jean-Paul. O existencialismo é um humanismo. In: *Sartre*. San Pablo: Abril Cultural, 1978a. (Os Pensadores).

SARTRE, Jean-Paul. Denis de Rougemont: l'amour et le Occident. In: *Situations I: essais critiques*. París: Gallimard, 1978b.

SARTRE, Jean-Paul. *O ser e o nada: ensaio de ontologia fenomenológica*. Petrópolis: Vozes, 1997.

SEED, Patrícia. Narrativas de Don Juan: a linguagem da sedução na literatura e na sociedade hispânica do século dezessete. *Cadernos Pagu*. Sedução, Tradição e Transgressão, Campinas, n. 2, p. 7-45, 1994.

SELWYN, Tom. Images of Reproduction: an Analysis of a Hindu Marriage Ceremony. MAN (*The Journal of the Royal Anthropological Institute*), n. 20, p. 683- 698, 1985.

SHAH, K. J. Of Artha and the *Arthasastra*. In: MADAN, Triloki Nath (Org.). *Way of Life: King, Householder, Renouncer — Essays in Honour of Louis Dumont*. Nueva Delhi: Vikas; París: Editions de la Maison de l'Homme, 1982. P. 55-73.

SHAKESPEARE, William. Obras Completas. Madrid: Aguilar, 1966.

SHARMA, Ursula. *Women's Work, Class, and the Urban Household: a Study of Shimla, North India*. Londres; Nueva York: Tavistock, 1986.

SHASTRI, Hari Prasad. *Ramayana of Valmiqui: Ayodhyakanda*. Londres: Shantisadan, 1962. V. 1.

SINGER, Irving. *La naturaleza del amor 2: cortesano y romántico*. México: Siglo Veintiuno, 1992a.

SINGER, Irving. *La naturaleza del amor 3: el mundo moderno*. México: Siglo Veintiuno, 1992b.

SRINIVAS, Mysore Narasimhachar. The Changing Position of Indian Women. MAN (*The Journal of the Royal Anthropological Institute*), n. 12, p. 221-38, 1977.

STENDHAL. (1822). *Do amor*. San Pablo: Martins Fontes, 1993.
STRATHERN, Marilyn. *After Nature: English Kinship in the Late Twentieth Century*. Cambridge: Cambridge University Press, 1992.

STRATHERN, Marilyn. The Gender of the Gift: Problems with Women and Problems with Society in Melanesia. Berkeley; Los Angeles; Londres: University of California Press, 1987.

TAMBIAH, Stanley J. Bridewealth and Dowry Revisited: the Position of Women in sub-Saharan Africa and North India. *Current Anthropology*, v. 30, n. 4, p. 413-435, 1989.

THAPAR, Romila. Householders and Renouncers in the Brahmical and Buddhist Traditions. In: MADAN, Triloki Nath (Org.). *Way of Life: King, Householder, Renouncer — Essays in Honour of Louis Dumont*.

Nueva Delhi: Vikas; París: Editions de la Maison de l'Homme, 1982. P. 273-298.

THEVES, Pierre; THIS, Bernard. Tradução e comentários. In: FREUD, Sigmund. *Die Verneinung (La denegation)*. París: Le Coq-Heron, 1982.

TOCQUEVILLE, Alexis de. (1840). *A democracia na América*. San Pablo: EDUSP; Belo Horizonte: Itatiaia, 1987.

TOCQUEVILLE, Alexis de. (1856). *O antigo regime e a revolução*. San Pablo: Hucitec, 1989.

TOLSTOI, Leon. (1877). *Ana Karenina*. San Pablo: Abril Cultural, 1971. (Os imortais da Literatura Universal).

TOLSTOI, Liev. *Padre Sérgio*. San Pablo: Cosac & Naify, 2001.

TRUC, Gonzague. *La passion amoureuse en France*. París: Stock, Delamain & Boutelleau, 1942.

VALMIQUI. *O Ramayana* (adaptação de Artur Schwab). Tradução de Octávio Mendes Cajado. San Pablo: Paumape, 1993.

VALMIQUI. O Ramayana (recontado por William Buck). San Pablo: Cultrix, 1988.

VATSYAYANA, Mallanaga. *Kama Sutra* (segundo a versão clássica de Richard Burton e Fitzgerald F. Arbuthnot). Río de Janeiro: Jorge Zahar, 1993.

VELHO, Gilberto (Org.). *Arte e sociedade: ensaios de sociologia da arte*. Río de Janeiro: Zahar, 1977.

VILELA, Orlando. *O drama de Heloísa e Abelardo*. 3. ed. rev. aum. San Pablo: Loyola, 1989.

VIVEIROS DE CASTRO, Eduardo Batalha; ARAÚJO, Ricardo Benzaquen. Romeu e Julieta e a origem do Estado. In: VELHO, Gilberto (Org.). *Arte e sociedade: ensaios de sociologia da arte*. Río de Janeiro: Zahar, 1977. P. 130-169.

VV.AA. *Cartas de Abelardo y Eloísa*. Traducción de Natalia Jakubecki y Marcela Borelli. Buenos Aires: La Parte Maldita, 2013.

WADLEY, Susan Snow. (Org.). *The Powers of Tamil Women*. Nueva York: Syracuse University Press, 1980b. (South Asian Series, 6).

WADLEY, Susan Snow. Introdução. In: WADLEY, Susan Snow (Org.). *The Powers of Tamil Women*. Nueva York: Syracuse University Press, 1980a. P. IX-XIX. (South Asian Series, 6).

WADLEY, Susan Snow. The Paradoxical Powers of Tamil Women. In: WADLEY, Susan Snow (Org.). *The Powers of Tamil Women*. Nueva York: Syracuse University Press, 1980b. P. 153-167. (South Asian Series, 6).

WADLEY, Susan Snow. Women and the Hindu Tradition. In: GHADIALLY, Rehana (Org.). *Women in Indian Society*. Nueva Delhi; Newbury; Londres: Sage, 1988. p. 23-43.

WEBER, Max. *Rejeições religiosas do mundo e suas direções*. San Pablo: Abril Cultural, 1985. (Os Pensadores).

WISNIK, José Miguel. A paixão dionisíaca em Tristão e Isolda. In: CARDOSO, Sérgio *et al. Os sentidos da paixão*. San Pablo: Companhia das Letras; Funarte, 1993.

WOLFRAM, Sybil. *In-laws and Out-laws: Kinship and Marriage in England*. Londres: Crom Helm, 1987.

ZIMMER, Heinrich. *Filosofias da Índia*. San Pablo: Palas, 1991.

Impreso por TREINTADIEZ S.A. en 2021
Pringles 521 (C1183 AEI)
Ciudad Autónoma de Buenos Aires
Teléfonos: 4864-3297 / 4862-6794
editorial@treintadiez.com